BEST SELLER

Valerio Massimo Manfredi ha sido profesor de arqueología clásica en varias universidades, entre las que destacan la Universidad de Venecia, la Universidad de Loyola en Chicago, la Sorbona y la Universidad Bocconi de Milán. Ha realizado numerosas expediciones y excavaciones, y ha publicado numerosos artículos y ensayos académicos, además de colaborar en periódicos y revistas. Ha escrito y dirigido documentales sobre el mundo antiguo para las cadenas más importantes de televisión, así como obras de ficción para el cine y la televisión. En su vertiente literaria, es el autor de los libros de no ficción *La tumba de Alejandro* y *Las maravillas del mundo antiguo*, así como de varias novelas, entre las que se encuentran la trilogía *Aléxandros*, *La última legión*, *El tirano*, *El imperio de los dragones*, *El ejército perdido*, *Los idus de marzo*, *Noche de invierno*, *Teutoburgo* y la aventura épica formada por *Odiseo. El juramento* y *Odiseo. El retorno*.

Biblioteca
VALERIO MASSIMO MANFREDI

Las maravillas del mundo antiguo

Traducción de
Ana Ciurans

DEBOLS!LLO

Papel certificado por el Forest Stewardship Council®

MIXTO
Papel procedente de
fuentes responsables
FSC
www.fsc.org FSC® C117695

Título original: *Le meraviglie del mondo antico*

Primera edición en Debolsillo: noviembre de 2017

Printed in Spain – Impreso en España

ISBN: 978-84-663-4201-8 (vol. 496/25)
Depósito legal: B-17.179-2017

Impreso en Liberdúplex
Sant Llorenç d'Hortons
(Baecelona)

P 3 4 2 0 1 8

Penguin
Random House
Grupo Editorial

*Para mis queridos amigos
Paola y Valter Mainetti,
que comparten conmigo la pasión
por un mundo ya desaparecido*

Pocos hombres tienen los brazos tan largos como para poder abrazar su pulgar.

PLINIO, *Naturalis Historia*, XXXIV, 41

Las siete maravillas

Son las obras más extraordinarias e impresionantes del mundo antiguo, el orgullo de todas las grandes civilizaciones: jardines colgantes sobre el paisaje de Babilonia, construidos por un gran monarca para la esposa que sentía nostalgia de las frondosas montañas del Elam; una pirámide de granito, resplandeciente como un diamante bajo el sol de Egipto, tumba hiperbólica para un solo hombre; una estatua de bronce de treinta y dos metros de altura, el desafío de un discípulo a su inalcanzable maestro; un dios con carne de marfil y ropajes de oro sentado en su trono en el interior de un templo, tan grande que si se hubiera puesto de pie habría atravesado el techo; una torre luminosa en el centro de una isla que, durante la noche, proyectaba un haz de luz a cuarenta kilómetros mar adentro para señalar un puerto seguro a los navegantes desorientados; y otra tumba, un espectacular sepulcro con columnata perteneciente a un pequeño soberano presuntuoso, el templo más grande jamás construido, erigido para la madre de todas las madres.

De todas estas maravillas solo queda en pie la más antigua y sólida, dañada únicamente por el afán destructor de los hombres: la gran pirámide de Guiza.

Estas obras nacieron del convencimiento de que por primera vez existía un mundo ideal que nunca más volvería a repetirse. Todas ellas, un verdadero reto a lo imposible, abarcan un espacio de tiempo de más de veinticinco siglos. Solo ha sobrevivido una, la gran pirámide de Guiza, y el hecho de que todavía perdura indica que únicamente un dios, o un hombre considerado como tal, tuvo la autoridad y el poder de congregar a todo un pueblo para que trabajase durante décadas en su construcción.

No tiene adornos, columnatas, frisos ni entablamento. Gracias a su geometría pura lleva cuarenta y cinco siglos en pie. El resto de las obras se destruyeron en distintas épocas y por causas diversas. Cinco de ellas eran edificios; dos, estatuas monumentales de dimensiones excepcionales, descritas por las fuentes antiguas con palabras de asombro y admiración.

Muchas de esas audaces construcciones tan solo se proyectaron y nunca llegaron a realizarse. Se cuenta que un arquitecto llamado Dinócrates se presentó medio desnudo, cubierto únicamente por una piel de león y asiendo una clava, como si fuera Hércules, ante Alejandro Magno, quien había expresado su deseo de levantar la primera ciudad que llevaría su nombre en el extremo occidental del delta del Nilo, para proponerle un proyecto descomunal, una obra que debía extasiar a quienes la contemplaran. Se trataba de esculpir en la ladera del monte Athos la imagen de Alejandro sentado en su trono haciendo una libación. En una mano sostendría una copa enorme alimentada por las aguas de un río y en la otra, la ciudad entera.

Es lógico preguntarse cómo habría podido funcionar en la práctica semejante asentamiento, cómo habrían podido sus habitantes entrar y salir de la ciudad, aprovisionarse de alimentos, dedicarse al comercio. Pero quizá Dinócrates ya tenía planeada una solución al respecto: puede que la cascada accionara una rueda de paletas que mediante poleas y otras ruedas accionara a su vez un sistema de montacargas. Nunca lo sabremos. Sin embargo, en aquel tiempo todo parecía posible.

Alejandro descartó la idea porque le pareció extravagante; extendió su clámide macedonia sobre el suelo, cerca de la orilla del Mediterráneo, y le dijo a Dinócrates: «Constrúyeme una ciudad de esta guisa, rodeando el golfo». Este esquema con forma de capa se convirtió en la metrópolis más grande del Mediterráneo durante cuatro siglos. Se levantó un dique de más de un kilómetro de largo que unía la isla de Faro, donde debía despuntar una torre de señalización de ciento veinte metros de altura cuya luz iba a ser visible desde cuarenta kilómetros a la redonda, con tierra firme: una de las siete maravillas del mundo.

En el promontorio de enfrente, en la península de Lochias, el palacio real albergaría a su vez la biblioteca más grande del mundo. Un poco más lejos, bajo un gran túmulo de tierra, se construiría la cámara sepulcral de Alejandro, con un sarcófago de oro macizo.

Dinócrates había concebido esas ideas extraordinarias, esas obras titánicas, porque vivía en Egipto y las desmesuradas construcciones que había visto en el valle del Nilo habían incendiado su fantasía de griego. Puede que hubiera visto los colosos de Abu Simbel o el Ramsés del Ramesseo, que debían de haberlo asombrado aún más que las pirámides: seres gigantescos de sonrisa inmortal e inmutable cuyas dimensiones tenían como finalidad convencer al pueblo de que estaba gobernado por los dioses. Quizá el mismo Alejandro, de baja estatura, se inspiró en esta ideología del colosalismo cuando, al desplazar su campamento en las lejanas tierras de la India, dejaba tras de sí armaduras, espadas y lanzas de enormes dimensiones con el objetivo de hacer creer a los adversarios que se enfrentaban a un ejército de guerreros descomunales e invencibles.

Si bien rechazó la propuesta de Dinócrates, Alejandro tuvo que darse cuenta de que aquel hombre era un visionario, de que el coloso que sostenía una ciudad en su mano derecha y el nacimiento de un río en la izquierda era una imagen extraordinaria y asombrosa, y que por ese motivo merecía en cualquier caso ser el constructor de Alejandría.

Se atribuye a Filón de Bizancio, un científico que vivió entre los siglos I a.C. y I d.C., la lista más conocida, una especie de vulgata, de las siete maravillas del mundo antiguo, pero, a juzgar por una serie de elementos estilísticos y filológicos del texto, parece que ese tratado fue escrito en el siglo v d.C.

¿Es posible precisar con exactitud la fecha de redacción de la lista clásica de las siete maravillas? Quizá el único modo sea identificar el intervalo en que las siete coexistieron. La conclusión es que ese período va del 300 al 227 a.C. aproximadamente, año en que un terremoto derrumbó el coloso de Rodas sesenta y seis años después de que Cares de Lindos lo erigiese. Dice la leyenda que cuando el gran arquitecto y escultor se dio cuenta de que había cometido un error irremediable que tarde o temprano provocaría su destrucción se suicidó, incapaz de soportar el dolor. En realidad, las ruinas del coloso siguieron existiendo ocho siglos más y continuaron atrayendo a miles de visitantes procedentes de todo el Mediterráneo y suscitando su asombro.

Pero ¿por qué las maravillas eran siete? ¿No habrían podido ser cinco, diez o doce?

Está claro que sí, y que se trata de una lista arbitraria. En el período helenístico y también durante la decadencia del Imperio romano, estaban en auge obras literarias que describían grandes monumentos, como también grandes prodigios y fenómenos inexplicables. Estos eventos extraordinarios entretenían y distraían a la gente de sus preocupaciones cotidianas, de la conciencia de haber perdido, con el declive de la polis, las libertades políticas y la posibilidad de decidir acerca del futuro y del propio destino.

Esa lista era el recuento de lo más fabuloso y digno de admiración que las civilizaciones antiguas habían dejado en herencia. Se trataba de valores y estéticas incomparables entre sí, completamente diferentes y dispares, que compartían la mención en una lista afortunada, obra de un desconocido, que aún hoy nos emociona.

A menudo se han hecho conjeturas acerca de cuál podría ser la octava maravilla o de cuáles podrían ser las siete maravillas del mundo moderno. Los diminutos emiratos del petróleo levantan en la arena del desierto rascacielos que hacen que la gran pirámide de Guiza parezca una humilde elevación comparada con ellos. Hoy en día ya no se trata de esculpir o erigir colosos de apariencia humana, sino de ganar la competición entre rascacielos que se aproximan al kilómetro de altura, un reto que las civilizaciones pasadas solo pudieron soñar gracias al mito de la torre de Babel, cuya cima tocaba las nubes. Además, mientras que nuestras empresas más audaces toman como punto de referencia las reducidas dimensiones del pasado para superarlas, en el mundo antiguo sucedió lo contrario. La mayor y primera maravilla, la gran pirámide, nunca llegó a igualarse. Habrá que esperar a finales del siglo XIX para que un edificio, la Mole Antonelliana de Turín, la supere. La cúspide de la cúpula de la basílica de San Pedro alcanza los ciento treinta y tres metros y treinta centímetros, es decir, unos catorce metros menos que la altura oficial de la pirámide.

Los factores artísticos, tecnológicos, políticos, propagandísticos y económicos indispensables para levantar monumentos de esa envergadura son múltiples y complejos. Además, el hecho de que no siempre se den al mismo tiempo hace que las clasificaciones carezcan de sentido. El motivo que impulsó la lista de las siete maravillas antiguas fue esencialmente una emoción, la misma que había promovido su construcción: el entusiasmo y el orgullo de una obra grandiosa, el reto de lo imposible.

Nuestra civilización moderna está, desde cierto punto de vista, mucho más desencantada, pero también es más competitiva, y la búsqueda de lo hiperbólico, la caza del récord (concepto este desconocido en la Antigüedad), no da tregua. Sin embargo, estudios recientes basados en datos fiables han revelado que, en el caso de que la humanidad se extinguiera, dentro de cincuenta mil años no quedaría ninguna huella visible de nuestra civilización. Esto significa que también la fuerza que ha elevado las montañas del Himalaya y de la Patagonia, y los volcanes del cinturón de fuego del Pacífico, la misma fuerza que ha excavado valles, mares y océanos, que ha plasmado las extensiones ilimitadas de arena y desiertos de hielo, esa que se nos antoja invencible, está destinada, como las maravillas creadas por el hombre, a sucumbir al paso del tiempo.

El jardín imposible

Es la primera de las siete maravillas de la lista de Filón de Bizancio, la más evanescente, la más fantasmagórica, inútilmente buscada y perseguida por arqueólogos y poetas, por epigrafistas y estudiosos de las fuentes antiguas: los jardines colgantes de Babilonia.

El jardín, el Edén, el *pairidaeza*, el *hortus* es una imagen poderosa, evocadora, profundamente enraizada en todas las civilizaciones del Mediterráneo. Por motivos obvios, ese concepto está prácticamente ausente de las culturas nómadas de Asia Central, mientras que en Extremo Oriente, en especial en Japón, adquiere una dimensión casi filosófica.

El jardín es un lugar muy artificial que proporciona al hombre la ilusión de convertirse en el creador de un mundo ideal, completo, donde todo es perfecto y conclusivo; donde el equilibrio de las especies vegetales y de los animales que lo habitan, de los colores y de las infinitas tonalidades de verde, comunica una especie de música cromática y de armonía de formas y olores que transmiten a sus creadores la sensación de ser más capaces y poderosos que la naturaleza misma.

El jardín es una extensión de nuestra imaginación, donde el crecimiento y la floración de cada planta proporcionan un placer de una intensidad única, a veces casi un éxtasis. La mezcla de los perfumes, el olor a tierra mojada, la frondosidad conseguida con el riego frecuente, la fertilización y los experimentos de hibridación crean la ilusión de la espontaneidad y la certidumbre de que nos hallamos ante una obra de arte que es fuente de emoción constante, que cambia según la luz y la estación, ya sea bajo la lluvia o sumida en la oscuridad.

Tanto en persa como en griego, hebreo y latín, «jardín» significa «lugar vallado». El Edén de la Biblia también lo es, pues tras la expulsión de Adán y Eva se cercó con verjas que custodiaban ángeles con espadas llameantes. En cualquier caso, el jardín es el mito del origen de toda la humanidad, y así aparece en las principales religiones monoteístas.

La necesidad del jardín se hace más urgente a medida que la luz y el calor aumentan en el ambiente que nos rodea, hasta convertirse en esencial en los lugares áridos y desérticos abrasados por un sol de justicia.

Quizá el Edén lo concibieron profetas solitarios que frecuentaban los pedregales durante sus meditaciones oníricas, o tal vez fue el fruto del recuerdo inmemorial de una tierra maravillosa, de un lugar encantado surgido después de la última glaciación mientras se formaban los ecosistemas vegetales y animales de las áreas de Oriente Próximo y del centro septentrional de África.

Guardan la memoria de aquel paraíso perdido los parques artificiales como los *pairidaeza* persas, ya en la edad histórica (corresponde esta a la transformación de los pueblos iranios, como los medos y los persas, del nomadismo al sedentarismo), aunque su origen se remonta a tiempos muy lejanos. En Pasargada, donde se ubica la tumba de Ciro el Grande, se hallaron sistemas de riego destinados, con toda probabilidad, a alimentar uno de esos maravillosos jardines. Jenofonte describe el parque de Ciro el Joven, cerca de Colosas, como «una reserva de caza con animales salvajes atravesada por el Meandro, donde el príncipe se distrae, se entrena y prueba sus caballos».[1]

Otro ejemplo de parque como lugar de recreo para el cuerpo y el espíritu debía de ser la *Domus Aurea* de Nerón, con paisajes idílicos, estanques, burgos y embarcaderos.[2] Y sobre las colinas artificiales, frondosidades cambiantes, en movimiento, pobladas por animales exóticos, como pavos reales y faisanes. Podemos hacernos una idea gracias a algunas pinturas y a paisajes similares que adornan las paredes de las villas de Pompeya y de Herculano.

Siguiendo el hilo de los jardines de las maravillas como forma de *kosmos*, de armonía artificial creada para el disfrute de los sentidos, la villa Adriana de Tívoli debió de ser una especie de *akmé* de este tipo de estética. El emperador quiso concentrar en ella todos sus lugares del alma, las vistas que lo habían conmovido y emocionado a lo largo de sus viajes por el imperio, incluyendo tanto las obras de la naturaleza como las realizadas por el hombre. Encontramos, pues, la Stoa Pecile (pórtico pintado) de Atenas, decorada con reproducciones de las pinturas de Zeuxis y Parrasio, que no debían destacar en un paisaje urbano, sino en una extensión de vegetación deslumbrante formada por bosques de laurel y de mirto, como un gran mural; el valle del Tempe, con sus aguas límpidas que imitaban el río Peneo, obtenido de una depresión del terreno delimitada por rocas calizas tiburtinas, en recuerdo de la leyenda de Orfeo y Eurídice, de Apolo y Dafne; y el estanque del Canopo, con un pórtico cuyos arcos enmarcaban una escultura que, al reflejarse en sus aguas, evocaban a Alejandría y el paisaje del Nilo que tanto habían fascinado al emperador Adriano.

Cuando, tras una lenta y dolorosa agonía, el mundo antiguo tocó a su fin, ese hilo milenario que atravesaba los tiempos, del Edén a los jardines de Nerón y Adriano, pasando por los de Mesopotamia y los jardines colgantes de Babilonia, se rompió. No obstante, en Oriente, el encuentro entre el Imperio romanobizantino y el mundo árabe también propició el intercambio, de manera que buena parte de la herencia antigua se transmitió a la cultura de los pueblos del desierto; el círculo se cerró con la traducción de la obra de Aristóteles al árabe. Así que los maravillosos jardines de Nerón y de Adriano siguieron viviendo en Damasco y en Bagdad poblados de palmeras, sicomoros, rosas y jazmines. Desde allí esas creaciones maravillosas alcanzaron a Extremo Oriente y a Occidente a través del norte de África, hasta llegar a la Iberia romanizada.

Hay quien ve en los jardines de la Alhambra de Granada y del Taj Mahal en la India dos versiones, si bien muy lejanas en el tiempo y en el espacio, bastante parecidas del antiguo *pairidaeza* persa, del que derivan el *paradeisos* griego y el *paradisus* latino, términos que evocan el jardín ancestral donde la tierra ofrecía alimentos sin exigir a cambio el trabajo y el sudor de la frente.[3] Un lugar maravilloso cuya entrada estaría prohibida para siempre a los descendientes de Adán y Eva.

Pero ¿qué convierte los jardines colgantes de Babilonia en un lugar tan único y especial? Son singulares y diferentes de todos los demás por el hecho de que no crecen a ras de suelo ni hunden sus raíces en la tierra, sino que se hallan suspendidos sobre una extensión que sostienen por columnas u otras estructuras de apoyo. La superficie está hecha con troncos de palmeras, dice Filón, el autor de la lista canónica de las maravillas,[4] porque no se pudren y favorecen el drenaje del agua de la capa de tierra superior donde se ha realizado la plantación del manto herbáceo.

El conjunto se alimenta gracias a un sistema de riego que transporta el agua del río Éufrates y la distribuye. Lo que no acaba de entenderse es el motivo por el que se eligió este tipo de instalación, ya que existían opciones más interesantes para una ciudad que conocía muy bien la construcción escalonada de los zigurats y que disponía de grandes yacimientos de betún para impermeabilizar los contenedores de los terrenos de cultivo.

La descripción de Filón, más bien detallada, no carece de sentido desde un punto de vista agronómico y hace pensar en fuentes históricas cercanas al período en el que los jardines colgantes se construyeron, pero no es fácil de entender. Parece como si el autor tuviera más interés en poner en evidencia la paradoja de una obra artificial y casi contra natura que en facilitar un esquema comprensible de la estructura y las características de la instalación.

Flavio Josefo, quien se basa en las historias babilonias de Beroso, un sacerdote del dios supremo Marduk, sostiene que los jardines colgantes se construyeron en la época de Nabucodonosor, el famoso rey de Babilonia que vivió del 604 al 562 a. C.[5] Pero no existe ninguna mención a esa obra en las veinticinco mil tablillas de los archivos reales, ni tampoco en otros documentos importantes, como el prisma de arcilla del Instituto Oriental de Chicago que narra las gestas del rey asirio Senaquerib. Por otra parte, Nabucodonosor, el monarca al que se atribuye la realización de los jardines, es, con creces, el soberano babilónico más famoso, tan poderoso que hasta el mismo Dios de Israel estaba de su parte. Fue él quien conquistó Jerusalén en el 587 a. C., quien saqueó el templo y deportó a buena parte del pueblo hebreo a Babilonia. En consecuencia, es natural que se le atribuyan obras grandiosas como las gigantescas murallas, el palacio real a orillas del Éufrates y, finalmente, los jardines colgantes.

Fue Diodoro Sículo quien describió con más coherencia y lógica los jardines colgantes, construidos en terrazas que recuerdan a un zigurat.[6] Las partes de obra están realizadas con ladrillo cocido, es decir, con un material más resistente y de mejor calidad que los adobes de arcilla cruda, que además posee la cualidad de ser parcialmente impermeable. Se cree que la base del jardín era de forma cuadrada: cuatro pletros, esto es treinta y dos metros, por lado. Si consideramos su estructura de gradería, podemos imaginar un zigurat apto para convertirse en un jardín colgante, pero esta hipótesis la han rechazado la mayor parte de los expertos. La descripción de Diodoro podría referirse a una estructura con forma de «U», de tres lados, uno de los cuales se apoyaría en las murallas babilónicas, lo que, al menos en apariencia, resultaría un modo sensato de proyectarlo y de realizarlo. Las descripciones que siguen son menos comprensibles. Por lo que parece, la gradería que albergaba los jardines se apoyaba en un sistema abovedado de altura progresiva, siendo las bóvedas centrales las más altas al tener que sostener la terraza superior del conjunto.

No es fácil explicar semejante estructura, que recuerda a las arcadas que sostienen la cávea de los teatros y de los anfiteatros romanos. Lo más probable es que quienquiera que fuese quien encargó la obra prefirió este tipo de sistema estructural para un jardín escalonado que una estructura maciza como un zigurat, que habría requerido más tiempo y mucho más material. En efecto, hay que considerar que para realizar una estructura maciza se habría necesitado una cantidad exorbitante de ladrillos, que estos debían cocerse y que, para ello, se habría tenido que utilizar una gran cantidad de leña que en Mesopotamia no existía, o era muy cara y difícil de encontrar, y que, en consecuencia, se habría tenido que importar. En este sentido son muy significativos los bajorrelieves que mandó realizar Nabucodonosor en una garganta del monte Líbano, en uadi Brisa,[7] donde en un lado se hace representar mientras mata a un león y en otro mientras tala un cedro del Líbano, la madera más valiosa de Oriente Próximo, la misma que el rey Hiram de Tiro había proporcionado a Salomón de Israel para la construcción del templo en el monte Moriah. Es evidente la referencia a la epopeya de Gilgamesh y de su compañero Endiku en el bosque de cedros que vigilaba el monstruo Humbaba, como también lo es la identificación de Nabucodonosor con el héroe de Uruk, quinto rey después del diluvio. Se podría afirmar incluso que a los habitantes de la agobiante hondonada mesopotámica el bosque del Líbano debía de antojárseles un jardín colgante.[8]

Por lo que respecta al sistema de elevación del agua, Diodoro habla genéricamente de máquinas (*òrgana*) invisibles desde el exterior.[9] Estrabón menciona la cóclea o tornillo sin fin, cuya invención se atribuye a Arquímedes, de ahí que también se conozca como «tornillo de Arquímedes».[10] Entre los investigadores contemporáneos hay quien sostiene que no hay duda de que se trataba de una cóclea, el único sistema de propulsión de agua que habría podido permanecer oculto, pues cualquier rueda hidráulica habría quedado a la vista.[11] En realidad no es así, ya que no habría sido difícil incorporar una rueda hidráulica oculta en la estructura.

En la Siria de hoy en día, a lo largo del río Orontes, a la altura de la ciudad de Hama, pueden verse una serie de ruedas hidráulicas (si la guerra en curso no las ha destruido) destinadas a elevar el agua en un punto en que el río está flanqueado por riberas naturales bastante altas. Se llaman norias, y es opinión extendida que ya se utilizaron en Mesopotamia a finales del siglo III a. C., después de que los árabes las introdujeran.

La casualidad ha determinado que la mayor de ellas mida veinte metros de diámetro, la misma altura (cincuenta codos) que Diodoro y Estrabón atribuyen a la estructura escalonada que albergaba los jardines colgantes.

El mecanismo de la rueda hidráulica es bastante simple: la corriente empuja las palas y hace girar la rueda sobre su eje. En el perímetro exterior de la rueda hay una serie de recipientes, sujetos mediante pernos a una fijación cilíndrica que les permite oscilar libremente según la dirección de la atracción de la gravedad.[12] Alcanzan una posición más o menos vertical en las fases de bajada y subida, y oblicua en las de carga y descarga. Los cubos o arcaduces recogen el agua en la parte inferior y la descargan en la fase descendiente dentro de un depósito o de un conducto que alimenta un canal de regadío. En el caso de los jardines colgantes, habrían alimentado un recipiente impermeabilizado con láminas de plomo y asfalto del que se ramificaban canales de regadío que distribuían el agua por caída.

El hecho de que la obra más importante de Filón de Bizancio sea el *Pneumatikà*, estrechamente relacionada con las bombas hidráulicas que crean presión y depresión, podría inducir erróneamente a pensar que estas se utilizaban cuatro o cinco siglos antes de que los sabios expertos en mecánica y neumática alejandrinos las inventaran y construyesen.[13]

Bien mirado, se podría llegar a la conclusión de que la rueda hidráulica ya se conocía en Mesopotamia antes de los árabes y que los constructores de los jardines colgantes de Babilonia la emplearon para llenar el depósito de alimentación de la instalación hidráulica, aunque la hipótesis de que los esclavos la cargaran manualmente no puede descartarse a priori. Por el contrario, si se argumenta a favor de un sistema de cóclea, hay que tener en cuenta el prisma de arcilla figulina del Instituto Oriental de Chicago, del que podría deducirse que el rey asirio Senaquerib poseía un tornillo sin fin dentro de un cilindro para elevar el agua.[14]

En cuanto al origen de la realización de los jardines colgantes, Diodoro menciona a la concubina «de un rey sirio» que, al sentir añoranza de las montañas boscosas de su patria, pidió al rey que le construyera una artificialmente; un fastuoso regalo que, por lo que parece, consiguió con bastante facilidad. En Oriente es frecuente encontrar el tema del soberano que satisface el más mínimo deseo de su hermosa amante. Ester y Asuero, Salomé y Herodes Antipas, Shahriar y Sherezade son algunos ejemplos de ello, pero no los únicos. Flavio Josefo dice que Nabucodonosor mandó construir los jardines colgantes para su esposa Amitis, una princesa hija de Astiages, rey de Media, que añoraba los prados y los bosques de su tierra natal.[15]

Un trabajo reciente de Stephanie Dalley sostiene que, en base a documentos epigráficos (se refiere concretamente a un epígrafe bilingüe descubierto en Cilicia)[16] y en una serie de documentos reexaminados de manera más crítica y minuciosa que en el pasado, el término «siro» tiene que ser interpretado en el sentido de «asirio», lo cual le hace llegar a una conclusión sorprendente acerca de la existencia y la ubicación de los jardines colgantes.

Cierto es que la historia de Diodoro Sículo pertenece a la época de Augusto y está por lo tanto muy lejana del nuevo reino babilónico, pero su fuente es con toda probabilidad Ctesias de Cnido,[17] un griego que se había convertido en el médico de la corte del emperador persa Artajerjes entre el 415 y el 399 a. C.

Ctesias escribió una obra que consta de veintitrés volúmenes titulada *Persikà*. Los seis primeros estaban dedicados a los asirios y a los medos, pero de los escasos fragmentos que se conservan puede deducirse que el autor estaba interesado sobre todo en las anécdotas y en el folclore. Teniendo en cuenta este contexto, la historia de Amitis, la mujer para quien se construyeron los jardines colgantes, también pudo estar en los primeros seis libros de los *Persikà*.

Aunque es posible que a Ctesias le gustaran las anécdotas, también es verdad que en los fragmentos de su obra que citan Plutarco y Jenofonte hallamos, especialmente en el primero, detalles muy minuciosos que hacen de Ctesias un testigo fiable.[18]

Los jardines colgantes también los mencionó Clitarco, el historiador alejandrino que narró la vida de Alejandro en doce libros. Esta obra gozó de mucho éxito en el ámbito de influencia romano del siglo I a. C. cuando, tras la derrota de Craso en Carras (53 a.C.), volvieron a estar de actualidad los textos que trataban de las guerras de Alejandro contra los persas. Por lo que puede deducirse, en estas los jardines aparecen como un simple ornamento de la escenografía de los últimos días de Alejandro, y es difícil creer que estructuras tan sofisticadas, y probablemente frágiles, se hubieran conservado durante más de tres siglos.

En resumidas cuentas, ¿hay suficientes motivos para pensar que esos jardines que se sostenían mediante una infraestructura arquitectónica nunca existieron en Babilonia, ciudad que ha fascinado a miles de visitantes durante siglos? Mesopotamia, en la edad histórica, tenía prácticamente las mismas condiciones climáticas y ambientales que tiene en la actualidad, con la diferencia de que la fauna autóctona, ahora extinguida en su mayor parte, contaba con manadas de antílopes, gacelas, onagros e íbices, así como numerosos grupos de avestruces, avutardas y grandes carnívoros, como leones, leopardos, hienas y licaones que vemos representados en los bajorrelieves de los palacios de Khorsabad, Nínive y Nimrud, los mismos animales con los que recientemente se ha repoblado el parque natural de Ein Gedi, en Israel, para recrear la fauna bíblica. La estrecha franja de vegetación que seguía el curso de los ríos debía de permitir a los soberanos y a los nobles cultivar su pasión por los jardines. Además, la presencia del Éufrates hacía posible que se sembraran plantas y flores de todas las especies.

En los bancales de ladrillos cocidos se habrían podido instalar los depósitos impermeabilizados con betún y plomo, y a continuación rellenarlos con tierra donde plantar la vegetación. El agua para el riego, elevada desde el río con ruedas hidráulicas o con cócleas, habría podido fluir a través de riachuelos y cascadas, añadiendo encanto al conjunto y dando la impresión de ser arroyos de montaña. Cuando las plantas crecieran, toda la estructura adquiriría el aspecto de una colina boscosa. Dicho de otro modo, sería el sueño de Amitis realizado por Nabucodonosor. Es lícito preguntarse si las descripciones de Filón coinciden de alguna manera con las de Ctesias y Diodoro, que son las que podemos considerar más acertadas. Al fin y al cabo, Ctesias no tenía ningún motivo para inventarse algo que no existía, y es muy probable que su larga permanencia en la corte del Gran Rey le permitiera tener acceso a textos que ya no existen o que desconocemos, así como a testimonios de la tradición local. O que incluso viera con sus propios ojos los restos de las antiguas maravillas. En el 401 a.C. se encontraba sin duda en Babilonia, que distaba de Cunaxa solo una veintena de kilómetros, y estuvo presente en la retaguardia de la batalla entre Artajerjes y Ciro el Joven, su hermano. Así pues, vio y visitó la ciudad.

Estrabón, quien escribió en la época de Augusto, hace una descripción bastante detallada de los jardines colgantes, enumerándolos entre las siete maravillas del mundo existentes en su tiempo.[19] En efecto, cuenta que Babilonia se había convertido en un yermo (*eremia*), en parte por culpa de la pobreza de los materiales con los que se había construido la ciudad, y en parte porque los macedonios no se habían preocupado nunca de restaurar los monumentos. Además, porque se había abandonado al desplazarse la capital, con su corte y los altos mandos, a Seleucia, a orillas del Tigris. En estas condiciones, y admitiendo que hubieran existido, los jardines colgantes no debían de ser ya reconocibles. Así pues, Estrabón sigue con toda probabilidad y, podría decirse que de manera independiente, a Ctesias, visto que es prácticamente contemporáneo de Diodoro.

Por otra parte, y a pesar de que en el prólogo de su obra afirma poseer gran experiencia de campo, como es sabido Estrabón se fundamenta más en las fuentes literarias que en la experiencia personal.

Digna de mención es la obra de Quinto Curcio Rufo que narra las gestas de Alejandro y que en el capítulo dedicado a Babilonia trata con bastante exhaustividad el tema de los jardines colgantes.[20] Los define desde el principio como *«miraculum Graecorum fabulis vulgatum»*, una expresión que los desacredita, tanto por el *«Graecorum fabulis»*, es decir, por «los cuentos de los griegos», como por el *«miraculum vulgatum»*, que también alude al sensacionalismo de sus anécdotas. Sin embargo, la minuciosidad con que describe los jardines, que sin duda en esa época ya no existían a causa de las innumerables vicisitudes que Babilonia había experimentado a lo largo de su historia, contrasta con tales afirmaciones.

Por lo que parece, Curcio acepta tanto la variante de los jardines colgantes sustentados por columnas[21] como la de las galerías, es decir, una superficie de losas de piedra sostenidas por columnas macizas pero también por murallas (¿rematadas en arcos?) sobre la cual se había colocado una capa de humus y tierra, y cuyo sistema de riego era capaz de proporcionar agua a árboles de ocho codos de circunferencia (más de tres metros) y cincuenta pies de altura (unos quince metros). Volveremos a hablar más adelante acerca de las características de la vegetación, pues existen elementos agronómicos que muchos estudiosos subestiman o no consideran lo suficiente.

Curcio menciona murallas de carga de seis metros de espesor colocadas a una distancia de poco más de tres metros (once pies). Al final de su narración, también recuerda la historia de un rey de Siria que construyó unos jardines para satisfacer los deseos de su esposa.

El arqueólogo alemán Robert Johann Koldeway empezó la exploración del yacimiento de Babilonia (se había identificado desde hacía tiempo, pero todavía no se había excavado sistemáticamente) durante los primeros años del siglo XX, obteniendo resultados extraordinarios. Localizó la vía procesional, la famosa y espléndida puerta de Ishtar recubierta de cerámica vidriada de color azul oscuro con figuras de animales en relieve de tonalidades naturales (en la actualidad se halla en el Museo de Pérgamo de Berlín), el palacio de Nabucodonosor, el basamento de Etemenanki, la mítica «torre de Babel» citada en la Biblia, y lo que él concluyó que serían los jardines colgantes, es decir, la infraestructura de estos.

La identificación de estos últimos restos con los que sostenían una de las siete maravillas del mundo se ha puesto en tela de juicio con frecuencia e incluso se ha rechazado de forma categórica. La objeción principal reside en el hecho de que están demasiado lejos del Éufrates, argumento que resulta decisivo tanto si se considera el sistema por cóclea como mediante ruedas hidráulicas. En ambos casos subsiste la necesidad objetiva de recoger agua directamente, lo que precisa la cercanía a un río, condición que el edificio que Koldeway identificó no cumple. Sin embargo, en rigor, no se trataría de un impedimento, puesto que el mecanismo de elevación habría podido verter agua en un conducto de madera, o de otro material, que a su vez alimentara el sistema de riego de los jardines.

En resumidas cuentas, si bien el problema subsiste, tampoco creemos que ninguna de las objeciones planteadas constituya un factor determinante. De hecho, en la actualidad predomina la idea de que lo que Koldeway interpretó como la infraestructura de los jardines (siguiendo a Diodoro, y también en parte a Curcio), fueran en realidad almacenes de mercancías alimentarias. En apoyo de esta hipótesis, se halló una tablilla cuneiforme que representaba el abastecimiento de aceite al rey Joaquín de Judá, a quien habían hecho prisionero. Se trataría pues de construcciones para fines administrativos y de edificios destinados al almacenamiento, algo que corroboran las vistas, que no tenían nada de especial. Dicho de otro modo, no eran las propias de un lugar de recreo, sino de un centro de actividades mercantiles y de aprovisionamiento.

En su libro *The Mystery of the Hanging Garden of Babylon* («El misterio del jardín colgante de Babilonia), Stephanie Dalley ha planteado la hipótesis de que los jardines hubieran existido realmente, pero no en Babilonia, sino en Nínive. El rey Senaquerib, que reinó entre los siglos VIII y VII a. C., afirmaba en sus inscripciones oficiales que había mandado construir en su capital un acueducto destinado al riego de unos magníficos jardines. El hecho por sí solo tendría una importancia relativa, pero la asirióloga estadounidense sostiene su hipótesis con dos elementos testimoniales de mucha envergadura: el primero se basa en las fuentes antiguas, según las cuales un rey «siro» o de «Siria» habría construido los jardines colgantes para complacer a su esposa (o a una concubina), originaria de las frondosas montañas del Elam; como ya tuvimos ocasión de analizar, el término «siro» equivaldría a «asirio» y «Siria» a «Asiria». El segundo se apoya en unos dibujos realizados por sir Austen Henry Layard en el siglo xix que reproducen una serie de bajorrelieves ya desaparecidos en los que puede apreciarse una construcción formada por columnas que sustentan unos jardines.[22] Un acueducto de arcos ojivales sirve de apoyo a un canal suspendido que alimenta un sistema de riego por surcos en cuyas aguas nadan los peces.

Parece la solución del enigma. El rey de la fábula no es un siro o sirio, sino un asirio, y los jardines existían, pero estaban ubicados en el norte y no en el sur, en un lugar donde las aguas del Zagros y del Tauro, procedentes de las cumbres nevadas de montañas altísimas, confluían abundantemente en todas las estaciones.

Una prueba en contra podría residir en el hecho de que las fuentes relativas a Nabucodonosor, presunto autor de los jardines, glorifican al constructor y restaurador del templo de Etemenanki (dedicado a Marduk) y del palacio real, pero no mencionan la primera maravilla del mundo. Admitiendo que no pueda tratarse de un descuido, cabría argumentar que, *ab absurdo*, lo que la cultura grecomacedónica primero, y la romana después, consideraba una maravilla, quizá no lo fuera en absoluto para quienes la habían creado. Puede que ellos la considerasen una especie de costoso *divertissement*, pero no una construcción esencial, como un santuario, una morada imperial o una poderosa muralla defensiva. En cualquier caso, se trata de un *argumentum ex silentio*, metodológicamente significativo pero no probatorio, porque el silencio no revela ni declara nada.

No obstante, la intención de Dalley de demostrar que los jardines de Babilonia no se parecían en absoluto a los jardines colgantes que las fuentes describen (las parcelas de plantaciones representadas en la tablilla de Merodach-Baladán) no se sostiene.[23] Las variedades que se nombran no se refieren a árboles, sino a plantas como el orégano, la cebolla, el ajo y el tomillo, que no pueden competir con aquellas de tallo alto de los jardines asirios, sencillamente porque no son plantas de jardín, sino aromáticas que se cultivan en el huerto para uso culinario. Cuando se rebate que los árboles de montaña que poblaban los jardines de las colinas artificiales de Asiria poseían fragancias intensas, sería conveniente ser prudentes y recordar cómo es el clima del norte del Irak actual, muy parecido al de hace veintisiete siglos.

La observación del padre de la asiriología moderna, Creswicke Rawlinson, a propósito de un bajorrelieve de Asurnasirpal que, según él, reproduce los jardines colgantes, en el que se inspiraron las sucesivas descripciones de los autores clásicos, tampoco parece definitiva. ¿Para qué habrían necesitado un sistema propulsor del agua si bajaba de las montañas circundantes en abundancia y existían acueductos como el que acabamos de reseñar? En cualquier caso, la lista de plantas ornamentales que Asurnasirpal describe para su jardín de Nimrud es impresionante, y de hecho corresponde a las variedades representadas en el bajorrelieve de Layard. El rey cita pinos, cipreses, enebros, almendros, palmeras datileras, ébanos, árboles de palisandro, olivos, robles, tamariscos, nogales, terebintos, fresnos, abetos, granados, membrillos, perales, higueras y vides.[24]

En resumidas cuentas, se trata de plantas que pueden reconocerse, al menos en parte, en los dibujos de los bajorrelieves de Layard. Se distinguen claramente las cupresáceas, entre las que se identifican tanto cipreses en sentido estricto como enebros. Los árboles dominantes son sin duda las palmeras, que parecen ser de la especie *Phoenix dactylifera*. También se entrevén numerosos arbustos que no logran distinguirse y que podrían ser terebintos (son pistacheros) y abetos. Es menos probable que sean robles y fresnos, que, a pesar de ser vegetación de tallo alto, también cuentan con variedades enanas de hoja coriácea.

En definitiva, la mayoría de los expertos actuales parecen inclinarse por la tesis de que los jardines de Babilonia nunca han existido o que, si existieron, se hallaban en Asiria y no en Babilonia.

No hay que ignorar el hecho de que existe una fuerte tradición, que comparten las obras de historiadores y geógrafos importantes como Diodoro, Estrabón, Quinto Curcio Rufo, Plinio y otros, y que se decanta a favor de la existencia de los jardines.[25] Estos serían, por lo tanto, la única de las antiguas siete maravillas que se creó solo para satisfacer ese gusto griego por la fábula y la maravilla oriental, sin mencionar el aspecto romántico del gran soberano que quiere complacer a la esposa nostálgica de su tierra natal.

Si bien trasladar los jardines a Nínive o a Nimrud tiene una lógica, puesto que no hay duda de que los dibujos de Layard que reproducen bajorrelieves extraviados representan un lugar muy parecido a la descripción de los jardines colgantes tal como aparecen en las páginas de los clásicos, ¿puede negarse categóricamente que en Babilonia se construyera un lugar parecido? ¿Cabe descartar que ambas hipótesis, la asiria y la babilónica, sean excluyentes y, por lo tanto, admitir que pueden coexistir? La falta de fuentes babilónicas contemporáneas no significa por fuerza que los jardines no hayan existido, visto que la mayor parte de las veinticinco mil tablillas pertenecientes al archivo de Nabucodonosor todavía no se han traducido ni publicado. Como es sabido, el *argumentum ex silentio* no es metodológicamente aceptable porque los motivos de ese silencio pueden ser innumerables. Irving L. Finkel lo pone en consideración de manera indirecta con la siguiente afirmación: «No existe una sola inscripción babilónica que mencione una construcción real, de gran repercusión, un jardín que, atendiendo a las informaciones posteriores que citaremos en breve, hubiera constituido una extraordinaria novedad tecnológica».[26]

A pesar de que es innegable que la lámina de Layard reproduce los jardines colgantes del palacio real de Nabucodonosor y que estos se mencionan frecuentemente en las descripciones de textos asirios, no se comprende por qué un lugar semejante habría tenido que servir de ambientación a la nostalgia de una princesa por los bosques de su tierra natal, visto que en los alrededores de Nínive, Nimrud y Khorsabad no solo abundaban estos sino también los parques y las colinas.

La historia adquiriría mucho más sentido en la asfixiante hondonada de Babilonia, donde sí se echaban en falta los jardines. En efecto, las magníficas realizaciones de los soberanos asirios debían de ser muy conocidas en las tierras bajas situadas entre el Tigris y el Éufrates.

A pesar de deducirse entre líneas en las páginas de Diodoro y de Estrabón, el testimonio de Ctesias podría resultar, al fin y al cabo, válido, bien como memoria de algo que se había realizado mucho tiempo antes de su visita a Babilonia a finales del siglo V a. C., bien como reliquia a duras penas reconocible de lo que un día fue.

En la vida de Artajerjes que Plutarco escribió se reproduce la narración de Ctesias a propósito de la captura y la ejecución de los Diez Mil a manos del sátrapa Tisafernes. Ctesias cuenta que cuando Clearco, su comandante espartano, tuvo la seguridad de que lo habían condenado a muerte pidió un peine, mostrándose muy satisfecho de haberlo obtenido. Está claro que Ctesias no conocía el motivo de tanta alegría, pero ahora sabemos que los espartanos tenían costumbre de asearse y peinarse antes de su cita con la muerte. Así había sucedido en las Termópilas antes de la última batalla contra los persas. Sirva esto para decir que Ctesias puede considerarse en algunos casos un testigo fiable, pues contaba hechos de los que tuvo experiencia directa.

El silencio de fuentes importantes, como los textos cuneiformes, se explicaría arguyendo que los jardines colgantes quizá fueron una construcción tan ambiciosa y espectacular como perecedera, a causa de la gran labor de mantenimiento que debían de requerir, cosa que justificaría la imposibilidad o la falta de obligación de registrarla en los textos oficiales.

La objeción de Romer, es decir, que el sol de Babilonia habría destruido cualquier vegetación plantada en los escalonamientos, ha de rechazarse. Cipreses, enebros y palmeras habrían podido sobrevivir perfectamente incluso con poca tierra, y lo mismo cabe afirmar de tamariscos, euforbios, lentiscos, terebintos y granados, según la disponibilidad de agua, que no debía de faltar en las cercanías de un río caudaloso.

La idea del jardín colgante es tan atractiva que ha seducido a muchos pintores, sobre todo de los siglos XIX y XX, y es interesante destacar que sus reconstrucciones obedecen en especial a dos tipos de jardín. Unos reproducen las columnas que los sostienen, esto es, representan en imágenes la descripción de Filón y de otras fuentes antiguas; por el contrario, los más numerosos se inspiran en la obra de Diodoro y reproducen construcciones piramidales escalonadas parecidas a los zigurats, si bien con una superficie superior mucho más amplia que permite pasear y admirar plantas de tallo alto, jardines exóticos y riachuelos. Un auténtico paraíso en el genuino sentido de la palabra.

Por último, es interesante señalar que los jardines colgantes también están presentes en el paisajismo actual, tanto sobre rascacielos y edificios urbanos como en los complejos turísticos y otros muchos lugares. Para la tecnología moderna, bombear agua a cientos de metros de altura y crear juegos acuáticos y fuentes de gran efecto escenográfico no presenta ninguna dificultad. En algunas instalaciones hoteleras de lujo se aprovechan incluso los surcos naturales del terreno para construir verdaderos torrentes con lechos llenos de guijarros pulidos y rocas artificiales que moldean su curso e imitan remolinos y cascadas.

Tras haber creado el desierto urbano en las décadas de los cincuenta, sesenta y setenta del siglo pasado (difundiendo el uso masivo del automóvil y construyendo barrios dormitorio en las periferias de las ciudades industriales), el hombre contemporáneo ha sentido nostalgia por el ambiente natural del que procede nuestra especie y ha empezado a proyectar grandes parques para seguir estudiando cómo hallar el equilibrio entre los edificios de cristal, acero y cemento y la vegetación. Es obvio que, como sucedía en la Antigüedad, se trata de un lujo al que no todos tienen acceso.

El borboteo del agua, el rumor del viento entre el follaje, la fragancia de las flores y de las plantas aromáticas no son características típicas de los barrios humildes, que tienen que contentarse con un simple parque. En cualquier caso, es interesante constatar que estas soluciones arquitectónicas evocan sensaciones olvidadas, y su carácter artificial, lejos de ser desagradable, es, si cabe, aún más emocionante por ser el resultado de la combinación de las tecnologías más avanzadas con la sabiduría botánica y agronómica, fruto de una sensibilidad ambiental cada día más en auge.

La colonización vegetal casual de las ruinas antiguas, señal de abandono y de conmovedora decadencia, la naturaleza reconquistando espacios que hasta hace unos años pertenecían a las grandiosas construcciones urbanas de las civilizaciones antiguas creó durante los siglos pasados un paisaje que inspiró a Giovanni Battista Piranesi y a sus muchos seguidores, y que continúa inspirándonos una nueva, excitante y tecnológica coexistencia.

El sueño antiguo de una princesa melancólica se hace realidad para una humanidad que busca cada vez con más ahínco el retorno a sus orígenes.

La gran pirámide

Al contrario de las otras, de las que no queda nada o solo una débil huella, la gran pirámide es la única de las siete maravillas del mundo que ha sobrevivido hasta nuestros días casi intacta. Estas construcciones espectaculares siempre han sido vulnerables durante los períodos de colapso de la civilización y de su consecuente empobrecimiento. Pero también debido al hecho de que, al haberse construido con materiales valiosos, se saqueaban y arrasaban durante esas épocas de abandono. En el caso de tumbas y mausoleos (la gran pirámide lo es), las primeras violaciones se produjeron en la edad antigua, pues era de dominio público que los ajuares fúnebres que contenían eran muy valiosos. Casos como el de Tutankamón, en que su ajuar se conservó casi íntegramente, son, por lo tanto, una especie de milagro.

La perfección casi absoluta de la gran pirámide, la precisión milimétrica de sus encastres y sus superposiciones, su imponencia y su majestuosidad, su peso exorbitante, su orientación astronómica y sus proporciones matemáticas son tan sorprendentes que han dado pie a todo tipo de absurdas conjeturas, en especial en tiempos relativamente recientes, cuando la pasión por la egiptología, desatada por la invasión napoleónica de 1798, ha atraído al país del Nilo a muchas personas en busca de emociones fuertes, misterios por desvelar, magias arcanas y todo ese arsenal emotivo típico del prerromanticismo.

Llegados a la edad contemporánea, las aguas todavía no se han calmado, sino más bien todo lo contrario, pues se ha llegado a afirmar que la gran pirámide, junto con sus hermanas menores, por supuesto, la construyó una civilización extraterrestre que vino a la Tierra para transmitir extraordinarios conocimientos inaccesibles para el género humano. La fantasía literaria y cinematográfica, cómo no, también han aportado su granito de arena.

También los hay que, inspirándose en la bibliología anglosajona, no han dudado en afirmar que las pirámides eran graneros que José, el hijo de Jacob, convertido en gran visir e intérprete de los sueños del faraón, aconsejó construir para almacenar trigo en previsión de las siete vacas «de mal aspecto y flacas de carne», es decir, de un largo período de carestía. Lo cierto es que si alguno de los que sostienen esta teoría hubiera visitado el interior de las pirámides, se habría dado cuenta de que no hay espacio para almacenar trigo, ni siquiera para siete meses.

Los expertos nunca han dudado de que se trate de una tumba, ya que es suficiente con leer las abundantes fuentes antiguas que se conservan para llegar a esta simple y elemental conclusión. No solo a Heródoto, que viajó a Egipto e interrogó en numerosas ocasiones a los sacerdotes que custodiaban la memoria histórica del país, sino también a Manetón, que redactó una lista de los soberanos egipcios y de sus dinastías en la época de Ptolomeo II

Filadelfo.[1] Sin embargo, de las características de la obra de Heródoto deducimos que sus fuentes también contenían leyendas e historias procedentes del folclore local, ampliamente recogidas en algunos jeroglíficos que asimismo coinciden de manera sorprendente con pasajes del Éxodo bíblico ambientados en Egipto.[2] Heródoto afirma que la gran pirámide era la tumba de Keops, la obra de cien mil hombres que trabajaron durante veinte años en turnos de tres meses.[3] Cuenta además que los gastos para su construcción fueron tan exorbitados que obligaron a la hija del faraón a prostituirse para seguir pagándolos. A fin de guardar memoria de semejante vergüenza, la princesa quiso que cada uno de sus clientes le regalara una piedra con la que construyó una de las pirámides más pequeñas que pueden verse en los alrededores.

Probablemente el origen de esta leyenda se fundamentó en la presencia de algún santuario en que se practicaba la prostitución sagrada, práctica bastante común en la Antigüedad.

En su origen, la gran pirámide, al igual que las de Micerino y Kefrén, estaba cubierta por losas de piedra caliza tan pulidas que brillaban al sol como diamantes y su punta (el *piramidion*) forrada con láminas de oro. También es posible que el revestimiento externo estuviera decorado con inscripciones o que las reprodujera, pero no es fácil comprobarlo hoy en día. Parte de ese recubrimiento se desprendió a causa del gran terremoto del siglo XIV a. C.; lo que quedó se arrancó durante el reinado de Saladino y, sobre todo, durante los de los sultanes Hassan y Barkuk, entre 1356 y 1399, que utilizaron la piedra caliza procedente de las pirámides para levantar mezquitas y palacios en El Cairo.

A lo largo de la ocupación árabe el califa al-Mamun ordenó abrir la pirámide para hallar el tesoro que se suponía que guardaba en su interior, sin éxito. Por ese túnel entran hoy en día los turistas para realizar la visita. A partir de ese momento la pirámide se utilizó como depósito de materiales por los sucesivos califas, y quedó despojada completamente de todo su revestimiento exterior que, como ya se ha dicho, se empleó para construir edificios (entre los que se hallaba la gran mezquita) en El Cairo. Solo en el punto apical de la pirámide de Kefrén, hijo de Keops, queda una parte suficiente para que podamos hacernos una idea del aspecto que tenían las pirámides en su origen.

Una vez agotado el revestimiento, una operación que debió de llevarles bastante tiempo, probablemente empezaron a desmontar los bloques inferiores, que también eran de piedra caliza y pesaban, como mínimo, cuatro toneladas cada uno. Por suerte, la estructura del monumento no se resintió de manera significativa.

En la actualidad la gran pirámide es un poco más alta que la de Kefrén, mientras que en la Antigüedad la superaba en unos diez metros.[4]

En su interior hay dos pasajes de acceso, uno ascendente y otro descendente. Este último, tras recorrer veintiocho metros en el interior de la estructura edificada, alcanza un núcleo de roca maciza. La inclinación desaparece en los últimos nueve metros para garantizar que un eventual cortejo fúnebre tuviera espacio suficiente para llegar a la cámara sepulcral, admitiendo que esa fuera su finalidad. En cualquier caso, se trata de una explicación poco convincente porque, de hecho, los participantes habrían tenido que arrastrarse en el interior del largo y estrecho pasaje (de un metro por un metro) para ponerse de pie en los últimos nueve metros.

La primera parte de la galería se obtuvo dejando libre el espacio que ocupaba en la estructura a medida que se construía, pero los setenta y siete metros restantes se excavaron en la roca viva. El volumen de roca extraída es, pues, de setenta y siete metros cúbicos, siendo las dimensiones de la galería de un metro por un metro, como ya hemos mencionado. Si consideramos que un metro cúbico de piedra caliza pesa una tonelada y media, el peso total es de ciento quince toneladas y media. Hoy en día para cortar un metro cúbico de piedra caliza con una maza y un cincel de acero templado se necesitaría una semana de trabajo, lo que equivale a unos dos años para toda la galería. Calculando que en un espacio de un metro por un metro solo puede trabajar un hombre, y considerando que en el 2560 a. C. los obreros solo podían contar con instrumentos de piedra o de cobre, cabe deducir que se necesitó, como mínimo, el doble de tiempo, o quizá más. Tiempo que podría aumentar si se tiene en cuenta la eliminación de los escombros que el corte iba ocasionando.

Estas consideraciones, más bien aproximativas, no pretenden llegar a ninguna conclusión, sino ofrecer una idea de la cantidad de trabajo necesaria para cortar no solo la galería de la cámara inferior sino todos los bloques de piedra caliza que componen la pirámide (un millón seiscientos mil, o un millón doscientos mil según otros cálculos). La galería inferior desemboca en una cámara hipogea más bien amplia (14 × 8,3 × 4,3 metros). En su centro hay una especie de pozo vertical que, según los expertos, no pertenece a la misma época de construcción de la pirámide. Es probable que la excavara John S. Perring en 1837 con la finalidad de encontrar otra cámara oculta. De la cámara hipogea parte otro pasillo que, tras recorrer dieciocho metros más en sentido horizontal, no tiene salida.

La construcción de estas cámaras subterráneas se interrumpió, por lo tanto, en un momento dado y nunca llegó a completarse, por razones que desconocemos. Puede que el arquitecto se diera cuenta de que había cometido un error o, lo más probable, que la persona que la encargó, es decir, el propio faraón, cambiase de idea mientras se erigía. Lo que sorprende es que se desperdiciara un esfuerzo tan enorme y la obra, presumiblemente, se abandonara. Hay quien sostiene que la función de la cámara inferior era despistar a los saqueadores de tumbas, o que Keops, tras haber visto su colocación por debajo del nivel de la meseta, prefirió que la ubicaran en un sitio más elevado hacia el centro de la pirámide. En cualquier caso, ninguna de estas hipótesis es del todo satisfactoria o decisiva, y el enigma sigue sin resolverse. Es interesante señalar que la cámara de la reina está ubicada prácticamente en la perpendicular del vértice de la pirámide, es decir, casi en su centro exacto, un poco desplazada hacia el sur.

La otra galería, como se ha indicado, se dirige hacia la parte superior de la pirámide. A la misma altura en la que empieza la gran galería se bifurca un pasaje horizontal que conduce a la denominada cámara de la reina, mientras que otro, ascendente, partiendo del extremo superior de la gran galería, llega hasta la cámara del rey, conformada por cinco gigantescas losas de granito de Asuán, de las cuales dos, con forma de «V» invertida, tienen la función de desviar la gran presión que ejercen los bloques superiores de la pirámide. En el centro de la cámara funeraria hay un tosco sarcófago dañado en la esquina sudoeste y en apariencia carente de tapa.

Durante mucho tiempo se ha discutido acerca del significado y la función de la gran galería, pero, una vez más, con escasos resultados. La obra es imponente y los visitantes se quedan sorprendidos de sus dimensiones (8,6 metros de altura y 48,68 metros de longitud) y de sus refinadas estratagemas arquitectónicas. En efecto, las paredes las forman bloques enormes que sobresalen progresivamente hacia el centro con un saliente de unos siete centímetros cada una, de modo que en la parte superior el espacio se reduce de manera notable con respecto a la anchura del suelo, formado por dos escalones separados por una rampa central.

Una de las hipótesis que se han formulado es que se trataba de una especie de catedral para ritos especiales, pero esto no explica el porqué de la rampa separada en tres partes. Tampoco explica de qué rito podría tratarse, visto que el ceremonial funerario de los faraones era especialmente rígido. Hay quien piensa que quizá fuera un depósito de material que debía utilizarse en un momento posterior para bloquear la sepultura del rey y para las compuertas que descendían una vez que se cerraba el sarcófago.

También hay quien sostiene que podía servir para contener un andamio de madera destinado a sostener los bloques que dejaba libre el paso inferior, pero esta teoría resulta poco convincente para la mayoría de los estudiosos. Almacenar esos bloques gigantescos (pesaban entre veinte y ochenta toneladas) a la espera de que la pirámide se concluyera y se celebrase el funeral, habría provocado el derrumbe del andamio con consecuencias desastrosas. Sin mencionar la dificultad que habría supuesto subir los bloques y las compuertas a una altura de, como mínimo, dos metros.

El verdadero problema reside en el hecho de que resulta incomprensible la función de una estructura tan importante e imponente cuando habría bastado prolongar el pasaje ascendente hasta la cámara funeraria.[5]

En realidad, algo tan impresionante y majestuoso como la gran galería no tiene aparentemente ninguna explicación para nosotros. La única estructura con la que de alguna manera está relacionada es la cámara funeraria de la pirámide de Seneferu, padre de Keops, que también se construyó con la técnica de la falsa bóveda.[6]

Sin embargo, el hecho de que la construcción de estos monumentos plantee tantos problemas interpretativos no debe sorprendernos, ya que la gran pirámide se erigió hace cuarenta y cinco siglos, una distancia temporal inmensa que constituye una especie de barrera entre nosotros y los hombres que la idearon, proyectaron y construyeron.

En cualquier caso, los esfuerzos por proteger el sueño eterno del faraón resultaron completamente inútiles, pues la pirámide fue expoliada, a pesar de que no se ha podido determinar cuándo sucedió. La primera expoliación tuvo lugar, sin duda, en la edad antigua, durante uno de los períodos de decadencia, cuando se vinieron abajo las estructuras del Estado que protegían las áreas sagradas, y los saqueadores actuaron con total impunidad. Sir William Flinders Petrie, uno de los arqueólogos más reputados de todos los tiempos, facilitó una explicación fascinante acerca del modo en que los ladrones descubrieron la entrada de la pirámide, esto es, gracias a su color.[7] Puesto que el revestimiento exterior de valiosa piedra caliza estaba uniformemente pulido, al haber pasado mucho tiempo entre la colocación de las primeras losas y la de las que cubrían el acceso, estas últimas, que todavía no habían tenido tiempo de oxidarse, debían de ser de un color más claro. A esta teoría cabría objetarle que un buen arquitecto como el que dirigió la construcción de la pirámide podría haber dejado envejecer a la intemperie las losas de la entrada para que presentaran el mismo grado de oxidación que las demás. En cualquier caso, es sabido que existía una especie de complicidad entre los guardianes de las necrópolis y los saqueadores, y asimismo que su actividad fue intensa durante el Primer Período Intermedio, época en que probablemente la gran pirámide sufrió los primeros saqueos.[8]

Pero también sabemos que en épocas sucesivas fueron los mismos faraones quienes utilizaron materiales de la pirámide, como también sucedió, por otra parte, durante la historia del Imperio romano.

El cierre del pasaje de acceso que conduce hacia arriba se realizó gracias a la increíble astucia de los arquitectos, que obtuvieron un espacio en la estructura ascendente de la pirámide pero ocultaron su cobertura de manera magistral. Como todavía podemos observar hoy en día, los saqueadores tuvieron que cortar los bloques de través para interceptar el pasillo que llevaba a las cámaras reales.

La cámara del rey es bastante regular, pero no perfecta. Las aristas entre las paredes, el techo y el suelo no forman ángulos rectos, y es probable que este fuera uno de los motivos (junto con el peso desorbitado de más de cien metros de bloques hasta llegar a la cima) que provocó, ya en la Antigüedad y quizá durante la construcción misma, grietas en las paredes.

Las respetables dimensiones de la cámara (10,45 metros de longitud, por 5,23 de anchura, por 5,08 de altura) crean un vano, un vacío muy amplio para un solo crucero. En teoría, los grandes bloques de cobertura habrían tenido que ceder bajo el peso, cosa que no sucedió. Si nos preguntamos por qué, la respuesta es que los arquitectos del rey habían colocado encima de la cámara cinco bloques de granito gigantescos que se apoyaban, de manera independiente entre sí, en la estructura de la pirámide y no solo en las losas que bordeaban la cámara sepulcral. Encima del quinto vano dispusieron dos losas de dos metros de espesor cortadas oblicuamente en su parte superior de modo que encajasen formando una «V» invertida que descargaba el peso sobre la estructura maciza.

Pero quizá el detalle más interesante de todo este conjunto sean los jeroglíficos pintados en rojo que se hallan en el interior de las cámaras de descarga. Los dibujaron los maestros de obras, que de este modo nos transmitieron el nombre del faraón que dormiría el sueño eterno en el corazón de esa montaña de piedra: Jufu, es decir, Keops.

Aclarados estos puntos, nos quedaría aún por establecer la finalidad de los diferentes vanos que se hallan en el interior de la pirámide. El enorme monumento es prácticamente macizo, a excepción de los pasajes (el ascendente y el descendente), de las tres cámaras funerarias (la subterránea, la de la reina y la del rey), de la gran galería y del pozo.

Este último, de sección casi cuadrada y bastante regular (0,65 × 0,68 metros) se caracteriza por seguir un curso más bien extraño: primero baja casi en vertical y después toma una dirección oblicua e intercepta el canal descendente que conduce a la cripta inacabada, excavada en el corazón de la roca. De entre las muchas conjeturas que se han hecho, hay una especialmente sugerente: el pozo lo excavaron a escondidas los obreros para garantizarse una vía de fuga después del funeral del faraón, cuando se colocaran los bloques de ocultación, las piedras de sellado y las compuertas. Pero se trata de una hipótesis improbable, inspirada quizá en obras de fantasía que narran historias de esclavos atrapados y destinados a una muerte terrible para que el secreto de los tesoros sepultados desapareciera con ellos.

Los egipcios no practicaban ese tipo de crueldades y siempre demostraron respeto por la vida humana. En efecto, nunca se ha hallado en la pirámide ni en ninguna otra tumba monumental huella alguna de restos humanos que no fueran los del difunto al que estaba destinada.

Es evidente que las tres cámaras se habían preparado para el faraón y que, en un momento posterior, quizá porque los arquitectos o el faraón mismo cambiaron de opinión, se abandonaron antes de completarse. Esto no debe sorprendernos, como tampoco el hecho de que, según algunos expertos, la mayoría de las losas de descarga de la cámara funeraria fueran inútiles. Esa obra desmesurada (la gran pirámide, pero también la de Menkaura o Micerino, un poco inferior en altura y volumen) no fue fruto de un proyecto definitivo e inmutable, sino el resultado de la experimentación. El peso exorbitante de la estructura, concebida para imposibilitar el sacrilegio y la profanación de la momia del faraón, tuvo que ser el principal problema a resolver, sin olvidar los terremotos, muy frecuentes en Egipto.

La necrópolis de Dahshur es un claro ejemplo de los experimentos que iban improvisando los arquitectos. Basta con observar las pirámides de Seneferu, padre de Keops, más antiguas que la gran pirámide. El proyecto inicial de la primera, que tiene una doble inclinación, preveía una altura de ciento veintiocho metros que no pudo alcanzarse probablemente a causa del hundimiento del terreno inestable. Los arquitectos inclinaron la segunda parte con un ángulo más cerrado, lo que provocó un involuntario efecto diamante de gran encanto y belleza. También hay quien, animado por un espíritu práctico, sostiene que quisieron ahorrar dinero y materiales, o bien que los arquitectos se replantearon los cálculos a favor de otros más prudentes por temor a que la cámara funeraria quedara pulverizada por el peso. La segunda pirámide, conocida como pirámide roja a causa del color de sus materiales, se construyó con un ángulo inicial de cuarenta y cinco grados que se mantuvo hasta la cúspide. El hallazgo de restos humanos en su interior hizo creer que se trataba de la verdadera tumba de Seneferu.

Pero ¿qué pensaban los hombres de la edad antigua de la segunda maravilla del mundo? Obviamente la miraban con asombro y admiración, pero también con espíritu crítico. De hecho, la leyenda negra de Keops, representado como un tirano megalómano y despiadado, tiene su origen en Heródoto, quien escribió acerca de él en la segunda mitad del siglo v a. C. El retrato negativo de Heródoto se debe al hecho de que razona con la mentalidad de un hombre que conoce las instituciones democráticas y los sistemas electivos de gobierno, y que no se explica el significado que puede tener ese esfuerzo, tan grande que se le antoja monstruoso. Por otra parte, el severo juicio que de su obra dio Auguste Mariette, fundador del Museo Egipcio, es todavía más injustificado que los errores y las fantasiosas divagaciones del historiador griego. Heródoto procedía de una civilización cuyos monumentos más grandes y costosos (en cualquier caso, irrisorios comparados con los egipcios) siempre eran edificios públicos, nunca privados, y mucho menos dedicados a un solo hombre. Pero eso no significa que Heródoto fuera insensible a las tradiciones de los ritos funerarios egipcios; de hecho, cuenta con precisión y detalle los tipos de embalsamamiento, de los más caros y sofisticados a los más sobrios y elementales, como tratar el cadáver con carbonato de sodio o natrón durante tres meses.

Cuatro siglos después Plinio seguía pensando igual y consideraba los acueductos romanos, que suministraban agua potable a cientos de miles de personas, mucho más dignos de admiración que la gran pirámide, que había costado sangre, lágrimas y un sufrimiento inhumano a muchos para que un solo hombre tuviera una tumba incomparable. Para acabar, describe la gran pirámide como «necia e inútil ostentación de riqueza del rey».[9] Dicho de otro modo, Plinio tenía muy claro el concepto romano de obra pública, es decir, destinada a satisfacer las necesidades de la comunidad.

Curiosamente, Diodoro Sículo, mostrando también una especie de sensibilidad «social», se siente más cercano a los esclavos que construyeron la pirámide que al rey que la ordenó erigir. Según él, los primeros mostraron más ingenio y capacidades que el segundo, quien se había limitado a derrochar grandes cantidades heredadas o extorsionadas, que ni siquiera se había ganado.[10]

Estrabón es el más interesado en las características técnicas de la pirámide, pero la descripción de la entrada cerrada por una losa que podía deslizarse y bajar como una compuerta para bloquear la entrada carece de fundamento.[11]

En cualquier caso, el prestigio de este extraordinario monumento duró hasta el final de la dinastía ptolemaica, con el paréntesis de la construcción de las pirámides de Meroe y Napata por parte de los soberanos etíopes bajo el claro influjo de las pirámides faraónicas al norte del país. Lo que las distingue de las de los faraones de la IV dinastía, cuyas criptas estaban exclusivamente destinadas a albergar la momia del faraón y su ajuar, es la amplitud de la cámara funeraria interna.

Tras los faraones de la IV dinastía, el modelo piramidal volvió a estar en auge en Egipto con los faraones de la XII dinastía, pero utilizando materiales más modestos y técnicas más aproximativas.

Lucano, que escribe en la época de Nerón, dice que las sepulturas de los ptolemaicos eran *«piramides ac mausolea»*,[12] una expresión fácil de comprender si se considera que los ptolemaicos debían mostrarse helénicos y egipcios a la vez. Por ese motivo sus sepulturas se inspiraban o en el mausoleo de Halicarnaso, en lo referente a la cultura griega, o en las pirámides de Guiza, por lo que respecta a la egipcia.

Parece obvio que estas pirámides tenían muy poco en común con las que les servían de inspiración y debían de parecerse mucho a la pirámide Cestia, ubicada junto a la puerta de San Paolo, en Roma. Curiosamente, ambos modelos de las tumbas ptolemaicas se citan entre las siete maravillas del mundo. La única tumba de la necrópolis real que no se parecía ni a una pirámide ni a un mausoleo era la de Alejandro Magno, construida siguiendo el modelo macedónico de sepulcro con cámara (*effossum descendit in antrum*),[13] rematada por un gran túmulo (*extructus mons*).[14] De la misma manera, los ptolemaicos se retrataban tanto al estilo griego, con rasgos realistas y una diadema en la cabeza, como al egipcio, con las mismas facciones idealizadas y los mismos atributos que los antiguos faraones.

En resumidas cuentas, los antiguos percibían la gran pirámide limitándose a lo que veían o a las historias que oían contar. La enorme montaña de piedra debía de causar un impacto formidable en ellos y, en efecto, por ese motivo se había construido: el pueblo egipcio debía de tener la clara impresión de estar gobernado directamente por un dios y, en consecuencia, aceptar de buen grado que no existía límite al esfuerzo que tenía que realizarse para construir la morada de la inmortalidad del faraón. Sin olvidar que la superstición también desempeñó un papel importante.

Ciertamente, la gran pirámide la vieron y admiraron personajes de altísimo rango como el emperador asirio Asarhaddón, el emperador persa Cambises, Alejandro Magno, Julio César, Marco Antonio, Adriano, la reina Zenobia de Palmira, Septimio Severo y su hijo Caracalla, Aureliano y muchos más.

A nosotros, hombres pertenecientes a la civilización tecnológica, la gran pirámide sigue causándonos asombro y suscitándonos muchas preguntas a las que, a pesar de los medios de que disponemos, todavía nos resulta difícil responder. Lo que nos interesa es el rigor geométrico que hace posible que cada lado de la pirámide se una con el otro con una desviación de entre dos y tres centímetros como máximo, su peso exorbitante, el elevado número de bloques que se tallaron, transportaron y colocaron para erigirla. ¿Cómo pudo una civilización que solo disponía de utensilios de piedra o de cobre cortar millones de bloques de piedra caliza que pesaban millones de toneladas? ¿Cómo pudieron moverlos, levantarlos y ponerlos en su lugar con la única ayuda de rodillos y palancas? ¿Cómo se colocó la primera hilera de la base cuadrada con semejante precisión utilizando cuerdas de medición más bien elásticas, hechas con papiro o fibras de lino retorcidas? Y sin trazar las diagonales, pues su interior lo ocupaba un espolón rocoso que, por lo que parece, no se aplanó.[15]

Según algunas teorías, buena parte del interior de la pirámide lo ocupa la roca que abarcó la construcción, pero la mayor parte de los estudiosos considera que, probablemente, si existe, la roca se cortó en escalones que sirvieron de apoyo a las hileras de bloques. Además, carece de sentido geológico creer que la pirámide contiene una especie de pináculo rocoso.

El corte y la colocación de cada bloque, la nivelación de la base y, por último, la elevación gradual de los planos sucesivos debieron comportar enormes esfuerzos, muchas víctimas, heridos y tiempo. Se ha calculado que si fuera verdad que la obra se realizó en veinte años, y cabe pensar que así fue, tuvo que montarse un bloque de dos toneladas cada minuto y medio, lo cual resulta imposible a menos que se contara con decenas de miles de obreros en activo al mismo tiempo en equipos no muy numerosos pero tan bien sincronizados que no se estorbaran entre sí. Si fue realmente así, la organización del trabajo constituiría una maravilla todavía más admirable que la obra construida. Incluso si los bloques hubieran sido solo un millón doscientos mil y el tiempo empleado el doble, es decir, cuarenta años, como se ha barajado, sería en cualquier caso una hazaña inimaginable, casi una especie de milagro. Peter Clayton, a la vez que desecha la hipótesis de la utilización de una rampa inclinada de más de un kilómetro de longitud, sostiene, junto con otros estudiosos, que se utilizaron terraplenes de ladrillos crudos que iban aumentando de altura a medida que la pirámide crecía; estos habrían dejado libre el espacio necesario para las maniobras de cientos de obreros.[16] La existencia de la gran pirámide prueba una sola cosa: que los egipcios la construyeron. Lo único que tenemos que hacer es comprender cómo lo hicieron.

Hay otro detalle que resulta sorprendente al observar las tres cámaras sepulcrales: la primera, excavada en la roca viva, no posee ninguna estructura de descarga, lo cual resulta comprensible porque está englobada en la masa rocosa del banco calizo; la segunda, ubicada a la altura del principio de la gran galería, solo tiene dos bloques inclinados, y la tercera está coronada por una formidable estructura con cinco vanos de descarga, de los cuales el último está rematado a su vez por una estructura con dos bloques inclinados, a dos aguas, la única, según los técnicos, realmente necesaria.

De todo ello podemos deducir que la cámara «de la reina» es más «moderna» que la conocida como «cámara del rey», que tiene cinco vanos de descarga de los que cuatro, según los técnicos, son superfluos.

Este es el motivo que ha dado pie al florecimiento de

muchas historias pseudoarqueológicas y que ha servido de excusa a cierto tipo de periodismo sensacionalista para acusar de necedad a la ciencia oficial que, según ellos, se niega a admitir la existencia de fuerzas trascendentales, contactos con los extraterrestres y conocimientos secretos ocultos en estancias inaccesibles colocadas bajo la esfinge o en otros lugares mágicos.

En el Egipto de las pirámides existía la magia, como también existió en las épocas siguientes, pero se trataba de prácticas religiosas dirigidas a obtener determinados resultados gracias al favor de los dioses o a lanzar maldiciones que nunca perjudicaron a nadie. La magia de Egipto es su realidad, la majestuosidad y la admirable perfección de sus monumentos, la pirámide que durante treinta y ocho siglos fue el edificio más alto del planeta y el carácter extremo de su religión, la religión de un pueblo que gastaba la mitad de su renta en importar de Yemen incienso verde, que valía su peso en oro, para usarlo como ofrenda a sus divinidades, sin la cual la gran pirámide resultaría inexplicable.

Por otra parte, la justificación del sufrimiento inhumano de millares de personas bajo un sol cegador durante decenas de años no reside en un fanatismo extremo ni tampoco en una excesiva ingenuidad, sino en la convicción de un pueblo que se creyó capaz de realizar una hazaña titánica: transformar a un ser humano en un dios destinado a vivir eternamente. También existe otra hipótesis que no compartimos, es decir, que las pirámides más antiguas (las de Dahshur y Meidum, las necrópolis al sur de Saqqara y Guiza) no fueron solo monumentos de carácter funerario y religioso, sino que tuvieron la finalidad de reagrupar a la nación, recientemente unificada, y de suscitar un sentimiento de orgullo en el pueblo por la maravilla de esas construcciones comunes.[17]

En realidad, entre el fundador de la primera dinastía, Narmer (Menes según la lista de Manetón, unificador del Alto y del Bajo Egipto), y las pirámides de Dahshur transcurren casi cuatro siglos, un período muy respetable aunque limitado en comparación con los tres milenios de la historia de Egipto. Podemos afirmar que la ideología de la divinización del faraón se desarrolló al mismo ritmo que la evolución de las pirámides, fenómeno del que la gran pirámide constituyó el ejemplo más asombroso y extraordinario, nunca más superado a lo largo de una historia plurimilenaria y, en cierto sentido, coronación de la ideología de la divinidad del faraón, que permanecería inmutable hasta la muerte de Cleopatra VII en el 30 a. C.

El hecho de que todas las tumbas reales se profanaran a excepción de una demuestra que para muchos la riqueza y el oro valían más que la fe en la inmortalidad, lo cual es aplicable a casi todos los pueblos del mundo. Puede que este sea el motivo por el que las pirámides se abandonaran tras erigir las gigantes de Guiza: demasiado complicadas, demasiado costosas y, sobre todo, demasiado vistosas. La avidez es paciente y sabe esperar meses, años, y a veces incluso siglos, a que se presente la oportunidad ideal para saquear el arca de piedra que contenía inmensas riquezas.

Pero también existe otra explicación para la construcción de la gran pirámide y la acumulación de tesoros impresionantes en la tumba del faraón, del soberano o del aristócrata. Los ajuares funerarios, que en los albores de las culturas son iguales para todos o, como mucho, diferentes solo en función del sexo, acaban por distinguirse de manera clara y jerárquica: en lo más bajo de la escala están los de los pobres, que se mantienen como tales en el tiempo, y en lo más alto los de los aristócratas y los soberanos, que se diferencian cada vez más de los primeros en riqueza y opulencia hasta alcanzar niveles increíbles. Ya en la Antigüedad había quien manifestaba su radical oposición a este tipo de prácticas. Heródoto recuerda las prácticas funerarias para la sepultura de los miembros de la realeza escita.[18] Inmolaban a concubinas y cocineros, estrangulaban a cientos de jóvenes, mataban y embalsamaban caballos para formar una guardia ecuestre del rey difunto y depositaban en la sepultura copas de oro y de plata en abundancia.

La arqueología ha comprobado la vigencia de estas costumbres gracias a las excavaciones de los kurganes, o túmulos funerarios, entre Tracia, el mar Negro y Ucrania, que han sacado a la luz inmensos tesoros de oro que a finales del siglo XIX solían fundirse para hacer lingotes. Lo mismo puede decirse de las tumbas chinas en Uzbekistán y Kazajistán, pueblos diferentes por historia, usos y costumbres, lo cual induce a pensar que las sociedades humanas están especialmente inclinadas a seguir este tipo de comportamiento. Estos tesoros y el sacrificio de hombres y mujeres, que debían seguir a su señor al más allá para servirle, demuestran una cosa: los hombres más ricos y poderosos llegan a creerse que pueden conservar sus privilegios tras la muerte, en la ultratumba, y las clases dominantes que forman su *entourage* tienen interés en apoyar esta creencia y perpetuarla.

El tesoro de Tutankamón no habría visto la luz si Howard Carter no hubiera excavado en su tumba, y dado el esplendor reservado a un chico de dieciocho años, no podemos ni siquiera imaginar la riqueza de los ajuares fúnebres de los grandes faraones. Estas maravillas no tenían como finalidad dar testimonio del prestigio del soberano, puesto que se sepultaban junto con él y nadie podía admirarlas, sino que estaban exclusivamente dedicadas a su persona porque, según la ideología de su majestad, el poder y los privilegios de que gozaba se perpetuarían en el más allá.

En la actualidad las moléculas que formaron esos tesoros están distribuidas y recicladas en todos los objetos de oro presentes en el mundo, y los objetos que se han salvado se exhiben en los museos donde están expuestos a miradas que hace siglos se habrían considerado sacrílegas.

En el canto XI de la *Odisea*, cuando Ulises se encuentra con el espectro de Aquiles en el Hades le dice: «... y ahora de nuevo imperas poderosamente sobre los muertos aquí abajo». Se trata del mismo concepto de privilegio y de poder que se perpetua en la ultratumba, pero Aquiles es consciente de que el único bien es la vida, no el poder, y que cuando esta acaba solo queda una niebla triste: «Preferiría estar sobre la tierra y servir en casa de un hombre pobre, aunque no tuviera gran hacienda, que ser el soberano de todos los cadáveres, de los muertos».[19]

Estas sencillas y desesperadas palabras poseen más fuerza que la montaña de piedra que el pueblo de Egipto erigió alrededor de la momia de Keops: son la expresión de la conciencia de que todos somos iguales ante la muerte.

El Zeus de Fidias en Olimpia

La información más completa y útil del Altis de Olimpia nos la ha dejado Pausanias en el libro VI de su obra *Descripción de Grecia*, una guía culta y detallada de las maravillas de la Hélade que contiene la exposición más exhaustiva acerca de la tercera maravilla del mundo antiguo: la colosal estatua crisoelefantina de Fidias situada en el interior del templo de Zeus Olímpico.

Estas obras eran tan espectaculares como frágiles y delicadas, hasta el punto de que ninguna de ellas ha sobrevivido hasta nuestros días, a no ser que consideremos aquí las máscaras de Apolo y Artemisa (realizadas en piedra, pero con los cabellos y los accesorios de oro) que se exponen en el Museo Arqueológico Nacional de Delfos.

El estilo arcaico de estas imágenes atestigua el gusto por la policromía que imperaba en el mundo antiguo desde los albores del arte, especialmente en lo que respecta a la escultura. Aunque nadie identifica ya el clasicismo con el mármol blanco (tal como Johann Joachim Winckelmann lo había representado), hay que recordar que la policromía tenía también una función práctica. Las imágenes esculpidas en mármol blanco habrían perdido, bajo el efecto del sol mediterráneo, sus facciones definidas y su plasticidad.

Además, las estatuas más antiguas que existen, los *xoana*, eran de madera (casi siempre de olivo) y las fuentes suelen recordarlas como símbolo del gran prestigio y de la antigüedad de un santuario. Los *xoana* estaban pintados y, en nuestra opinión, no puede excluirse que las estatuas crisoelefantinas procedieran conceptualmente de aquellos, que fueran, en definitiva, su versión más sofisticada. De hecho, cabe la hipótesis de que los *xoana* tuvieran las extremidades pintadas de color claro, los ojos de nácar, y las joyas y los cabellos elaborados con algún metal precioso como el oro y la plata.

La técnica de las estatuas crisoelefantinas puede interpretarse como un enriquecimiento de los *xoana* pues se emplean el oro y el marfil para dar un acabado más espectacular a la imagen, pero también es posible que evolucionara de forma independiente a través de varios tipos de materiales utilizados en épocas sucesivas, como la terracota y el mármol. Los ciclos escultóricos en mármol de Olimpia todavía conservan las grapas que sujetaban las partes metálicas (escudos, cascos, corazas, canilleras), mientras que, obviamente, la policromía de sus superficies se ha perdido, a excepción de algunos descubrimientos recientes, como los sarcófagos del Museo Arqueológico de Çanakkale, en Turquía, donde es posible admirar escenas de caza con colores casi intactos.

Hay quien considera que el origen de las estatuas crisoelefantinas se remonta a Oriente,[1] y a este propósito se mencionan a menudo dos placas de marfil de origen siriofenicio de exquisita hechura, una expuesta en el Museo

Británico y otra (siempre y cuando no se haya perdido por culpa de los saqueos de la guerra de 1990) en el Museo Nacional de Irak. Las dos placas representan a una leona en un entorno de estilo egipcio (tallos y flores de loto) mordiendo a un joven etíope en el cuello. El muchacho, que ha caído al suelo, lleva el pecho descubierto y una especie de falda laminada en oro tan ceñida que parece un pantalón. Sus cabellos y las flores de loto también son dorados. En todo caso, hablamos de una imagen de pocos centímetros donde el oro cumple la función de un color y no de un elemento plástico, como sucede en las estatuas crisoelefantinas.

Pausanias cita una estatua de oro y marfil de Artemisa Lafria que Augusto arrebató a Calidón y donó a Patras tras la batalla naval de Accio. Reproducía a la diosa vestida de cazadora y era obra de Menecmo y de Soidas de Naupacto, «que vivieron no mucho tiempo después de Canaco de Sicione y Calón de Egina».[2] Visto que Canaco de Sicione alcanzó la cumbre de su carrera alrededor del 500 a. C., podemos deducir que los dos autores de la Artemisa de Calidón estaban en plena actividad durante las dos primeras décadas del siglo v.[3] Podría, pues, pensarse que este tipo de imagen se había generalizado durante el siglo VI, quizá por obra de escultores jónicos portadores de influencias orientales que habían desarrollado una técnica original no solo policroma sino también polimatérica.

La técnica constructiva de las estatuas crisoelefantinas monumentales viene descrita en Pausanias: a un gran maniquí de madera se le aplicaban, como en un contrachapado, partes de marfil y de oro, que probablemente fijaban con remaches o clavos. Hoy en día en el sur de Italia todavía se aplica una técnica muy parecida a algunas estatuas de vírgenes y santos, maniquís de madera con el rostro y las manos de cerámica o de cera policroma y el cuerpo cubierto por los ropajes y el calzado.

En las estatuas crisoelefantinas las partes de oro se desmontaban cada año a fin de pesarlas y controlar que no se hubieran limado para sustraer el polvo del precioso metal. Sabemos que para construir la estatua de Atenea Pártenos en el interior del Partenón se utilizó una tonelada de oro (cuarenta talentos según Tucídides),[4] lo cual convertía a estas estatuas en verdaderas reservas financieras para casos de emergencia. Fidias llegó a ser acusado de haberse enriquecido con la compra del oro y se le juzgó por ello; corrían los años en que en Atenas la oposición a la hegemonía política de Pericles, a quien su poder hacía inatacable, arremetía contra las personas más importantes de su círculo, como Aspasia y Fidias.

En el 438 a. C. el gran escultor había realizado por encargo de Pericles la estatua de culto del Partenón, es decir, la de Atenea Pártenos (virgen), de la que Pausanias hizo una descripción pormenorizada,[5] y quizá también una reproducción, una famosa estatuilla conocida como Atenea Varvakeion que se halla en el Museo Arqueológico Nacional de Atenas,[6] cuyas características coinciden sustancialmente con la descripción de Pausanias.

La estatua tenía doce metros de altura y representaba a la diosa de pie, vestida con un peplo y la cabeza de Medusa sobre el pecho. La mano izquierda estaba apoyada en un escudo cuya parte inferior tocaba el suelo, mientras que con la derecha, extendida, sostenía una Victoria alada de tamaño natural. En la cabeza lucía un casco ático coronado por tres crestas de crin que sostenían una esfinge central y dos Pegasos laterales.[7] Calzaba sandalias cuya suela estaba adornada con bajorrelieves que representaban una amazonomaquia. El rostro, el pecho, los brazos, las manos y los pies eran de marfil; el casco, el peplo, las sandalias, la lanza y el escudo de tres metros de diámetro, de oro laminado. Es probable que los ojos fueran de nácar y las pupilas de piedra dura.

Es conveniente recordar que el culto siempre se celebraba fuera del templo, donde se hallaba el altar a causa del carácter cruento de los sacrificios, mientras que el interior se consideraba la morada de la divinidad, su casa terrenal.

A la izquierda de la fachada del Partenón mirándolo de frente, surgía la enorme estatua de bronce de Atenea Promacos (guerrera), también obra de Fidias,[8] a excepción del escudo, que representaba escenas históricas, obra de Mis, quien más que un escultor fue un extraordinario cincelador.[9] Fidias dirigió además la ejecución de todo el ciclo escultórico que adornaba el Partenón: los frontones, las metopas y el friso continuo que rodeaba los muros de la *cella* representando la procesión de las Panateneas, la fiesta más importante del año litúrgico ateniense, ahora expuesto en el Museo Británico.

Fidias fue el hombre llamado a Olimpia para que representara en un coloso crisoelefantino al padre de los hombres y de los dioses, sentado en el trono con la cabeza ceñida por una corona de laurel y un cetro rematado por un águila en la mano. Un hombre en la cumbre de su carrera artística que creó un estilo y una estética que aún hoy forma parte de los pilares culturales de la civilización occidental: el estilo clásico, que expresa a través de la armonía, de la solemnidad de la expresión y la actitud, de la

perfección del rostro y el perfil, de la espontaneidad conte-
nida en los gestos, del equilibrio del volumen y la forma,
su concepto de la dignidad del ser humano, la nobleza
de su inteligencia y su mirada, la grandeza de sus propó-
sitos y de sus ideales de organización de la sociedad.

En los tiempos del emperador Marco Aurelio (174 d. C.),
Pausanias vio un edificio cercano al santuario de Zeus,
ubicado hacia occidente, que se consideraba el taller de
Fidias.[10] A pesar de que habían pasado seis siglos desde que el gran artista ateniense había dado forma al gigante que un día se incluiría entre las siete maravillas del
mundo, no dudó de que lo fuera realmente.

Fidias tuvo que idear, en primer lugar, el proyecto:
tomó las medidas del espacio interior del templo (la altura del suelo al techo), reprodujo a escala la colocación de
la estatua y quizá construyó también un modelo para so-
pesar la relación entre los volúmenes.

Después se dedicó al alma de madera de la estatua,
que definía sus límites, su altura, la dimensión del pedestal, las medidas del trono, el relieve de las manos y de las
rodillas, y el volumen y la inclinación de la cabeza lau-
reada.

No sabemos con certeza cómo estaba hecho el soporte
lignario de la estatua de Fidias, si se trataba tan solo de
una torre realizada con tablas cruzadas o de un gran maniquí que representaba a escala definitiva el esbozo de un
modelo realizado previamente a escala reducida. Nos in-
clinamos por la segunda hipótesis, visto que se necesitaba
una superficie que sirviera de base al revestimiento de
placas de marfil y oro laminado martilleado en modelos
de terracota que el maestro había diseñado con anterioridad, y no solo puntos de embaste. Algunos de estos ejem-

plares se han hallado en el taller de Fidias, ubicado a poca distancia del templo en dirección sudoeste. Obviamente, si aceptamos la existencia de un soporte de madera, debía de tratarse de una forma basta pero perfecta desde el punto de vista de las dimensiones. Es posible que en el interior del modelo lignario hubiera tirantes de cuero, cáñamo u otras fibras que mantenían en tensión la estatua, evitando así torsiones, grietas o desequilibrios. También es posible que para reforzarlo se encajaran tablas de madera en los laterales, así como estacas de madera en posición vertical, horizontal y en diagonal.

Esa maraña de vigas y tirantes debió de inspirar las siguientes palabras de Luciano de Samosata: «Cada uno de estos colosos tiene el aspecto exterior de un hermoso Zeus de oro y marfil con un haz de rayos o un tridente en la mano derecha, pero si te asomas a su interior verás barras, puntales, clavos que lo atraviesan, vigas, cuñas, brea, arcilla y otras fealdades ocultas, sin mencionar las moscas y las ratas que a veces los habitan».[11]

Por otra parte, solo el bronce soportaba torsiones y errores de medición, ya que los demás materiales corrían peligro de derrumbe. Seguramente por eso, tanto la Atenea Pártenos como el Zeus de Olimpia adoptaban posturas muy compactas, reconducibles a un cilindro y a un paralelepípedo.

Si semejante estructura, descrita sin piedad por el cáustico Luciano como un nido de moscas y ratas, se diseñara hoy en día con ordenador presentaría el aspecto de un armazón completado en una segunda fase con capas, pero no podemos excluir que este procedimiento constructivo pudiera obtenerse a fuerza de mediciones, algo parecido a lo que hacía Antonio Canova con sus yesos. Es posible que las «fealdades» de las que Luciano nos habla fueran también escombros abandonados al final de las obras, o utensilios y materiales amasados para realizar eventuales reparaciones. En cualquier caso, el contraste entre interior y exterior está expresado con mucha eficacia.

En nuestra opinión, no existen muchas alternativas: lo más probable es que se tratara de una estatua de madera formada por bloques burdamente cortados que encajaban entre sí y que se mantenían unidos con la ayuda de pernos que tenían la función de grapas, o de piquetes de madera colocados a presión (los «clavos que lo atraviesan» que Luciano menciona). Se procedía con más esmero en la parte externa, para que esta pudiera revestirse con precisión mediante láminas de marfil y oro, y después se vaciara todo lo posible con la ayuda de cinceles y gubias, no solo para aligerar la estructura, sino también para contener el movimiento de la madera viva y compensarlo con los aparejos adecuados. Solo así se explicaría la desagradable impresión que le produjeron a Luciano. Pero ese «nido de ratas» era, en realidad, una obra mucho más difícil, sofisticada y compleja que cualquier estatua de mármol o de bronce. De hecho, se emplearon cinco años para su realización.

Seguramente se construían aparte los elementos de terracota diseñados por el maestro, sobre los que se martilleaban las láminas de oro para los drapeados, mientras que los ayudantes contrachapaban con placas de marfil las superficies descubiertas del cuerpo del dios desde los andamios. Por más que se hubiera vaciado su interior, el conjunto de la estructura debía de pesar varias toneladas porque, como ya hemos explicado, tenían que estabilizarla con distanciadores y puntales de madera dura y muy seca, de roble o haya, y quizá también con tirantes de cuero o cáñamo.

A medida que la obra avanzaba se hacía cada vez más pesada a causa del oro y del marfil que iban añadiendo, de las numerosas piedras duras y de la pasta de vidrio con la que se decoraba el manto.

Las partes en lámina de oro, como ya hemos mencionado, se aplicaban de manera que pudieran desmontarse para controlar su peso.

El valioso testimonio de Pausanias nos informa de que solían untar con aceite de oliva la superficie del coloso sentado en el trono, no para abrillantarlo sino para impregnar el marfil e impedir que se resquebrajase y que, con el tiempo, las grietas se abrieran cada vez más y deslucieran el valioso material. En cuanto al oro, este problema no existía, pero es probable que el aceite penetrase en la madera subyacente preservándola de la humedad, estabilizándola y contrarrestando el movimiento del bloque.

El basamento ha dejado su huella en el suelo de la nave central del templo, por lo que sabemos perfectamente qué dimensiones tenía: 6,65 metros de ancho, 10 de longitud y un metro de altura. La estatua medía entre doce y trece metros (una casa de cuatro plantas), catorce si contamos el pedestal. Las dimensiones eran tan impresionantes que Estrabón escribió que si el dios se hubiera puesto de pie habría atravesado el techo del templo.[12] Es evidente que Fidias había construido la imagen sin preocuparse de que fuese proporcionada con respecto al edificio que la contenía, pensando exclusivamente en realizar una obra de impacto extraordinario sobre el visitante.

Lo más probable es que la estructura de madera de la estatua se realizara *in situ*, es decir, en el interior del templo, mientras que los modelos de las extremidades o los detalles de gran importancia (el águila, la Victoria, el cetro, la corona de laurel, las manos, los pies, la barba, el cabello, el drapeado del manto) sin duda se construyeron en el taller del maestro. Las piezas, numeradas, se ensamblaron en el interior del templo con la ayuda de un andamio que permitía el acceso a los diversos niveles de la obra. Sus dimensiones obligaron a cerrarlo al público durante muchos años.

Una vez acabada la silueta se procedió a vaciarla, no tanto porque el peso de la estatua completa habría hundido el suelo del taller,[13] sino para reducir el espesor del bloque macizo y, en consecuencia, el movimiento de la madera, y también con la idea de obtener espacio interno donde colocar los dispositivos adecuados para compensar la dilatación y reducir el peligro de torsiones. Está claro que si la madera de la que estaba hecho el coloso hubiera sufrido dilataciones, contracciones o torsiones, las placas de marfil se habrían resquebrajado o incluso despegado. La madera viva en expansión desarrolla una potencia enorme, basta pensar que cuando los antiguos egipcios cortaban los gigantescos monolitos de los obeliscos hacían fisuras en el bancal de granito donde insertaban cuñas de madera seca que después mojaban. La fuerza de la madera al hincharse abría el granito a lo largo de la línea de fisura, es decir, ejercía una presión equivalente a cientos de toneladas.

Algunos de los datos que conocemos nos han llegado gracias a las excavaciones realizadas en el taller de Fidias,[14] que ya en el siglo II d. C. Pausanias pudo ver durante su visita a Olimpia. Se ubicaba a unos doscientos metros al sudoeste del templo de Zeus, y las excavaciones han sacado a la luz fragmentos de pasta de vidrio, de piedras duras y de marfil, así como moldes de drapeados en terracota y cierto número de utensilios, escoplos y escofinas,[15] apropiados para trabajar la madera, lo que incita a creer que, en efecto, vaciaron la parte lignaria del Zeus. El hallazgo de una copa con la inscripción «*Feidiou eimì*» («pertenezco a Fidias»)[16] disipa toda duda acerca de la autenticidad del lugar.

Por último, se aplicaron las placas de marfil perfilado que se sujetaron a la madera con clavos y remaches. Una vez colocadas se concluyeron y retocaron, y tras ello toda la estatua se pulió y abrillantó.

Nunca sabremos lo que sintió el maestro cuando por fin pudo admirar su obra terminada, ni tampoco a qué hora del día o con qué luz la vio, pero lo que sí sabemos es que en aquel momento Fidias pasó a formar parte de la leyenda.

El interior de un templo dórico no solía estar muy iluminado; Fidias lo sabía, y debía de haber dosificado el oro y el marfil teniendo en cuenta ese tipo de iluminación. En todo caso, los peregrinos tenían la posibilidad de acceder al piso de arriba mediante una escalera de caracol, admirar desde la galería la parte superior de la estatua y contemplar de cerca el rostro del dios.

Zeus recibía a los visitantes sentado en su trono con el torso desnudo y un manto cubriéndole el hombro izquierdo, el regazo, las rodillas y las piernas; apoyaba los pies, calzados con sandalias, sobre un escabel que sostenían dos leones. El manto estaba adornado con figuras de animales y lirios de colores elaborados con pasta de vidrio que resaltaban sobre el fondo de oro. El dios tenía la cabeza erguida y ceñida por una corona de laurel, como los atletas olímpicos, y gran parte de la estatura destellaba por el oro y proyectaba reflejos que cambiaban en función de la luz, los colores y las sombras que los rayos del sol creaban en el interior. En la mano izquierda sostenía un cetro rematado por un águila y una Victoria de oro y marfil, presumiblemente de tamaño natural, en la derecha.

El pedestal era, en cierto modo, una obra independiente. Sus superficies planas de mármol azulado de Eleusis estaban labradas con bajorrelieves ricos y variados formados por figuras de oro que debían de resaltar con fuerza sobre el fondo oscuro. Representaban a las divinidades más importantes del Olimpo, el Sol sobre su carruaje, la Luna, Zeus y Hera, y Afrodita.

No sabemos de qué material estaba hecho el trono, pero es probable que fuese de madera maciza con refuerzos metálicos para soportar el peso de la estatua. Pausanias afirma que estaba opulentamente adornado (*poikiloò*) con oro, toda clase de piedras, ébano y marfil.[17] Es decir, era de una policromía riquísima que para nuestro gusto actual quizá resultaría demasiado recargada, pero siempre hay que tener en cuenta el ambiente cultural de la época y las exigencias de los clientes que, si bien han hecho posible la realización de obras extraordinarias, también han interferido en la intención de los artistas.

Por otra parte, la obra presenta tanto imágenes pintadas (*grafe memimemena*) como relieves (*agalmata eirgasmena*). En cada una de las patas del trono se representan cuatro Victorias bailando, y otras dos aparecen en la base de cada pata. Este pasaje de la descripción de Pausanias es difícil de interpretar; por lo que parece, había cuatro Victorias, una en la parte exterior de cada pie del trono, así como otras dos en la base de las dos caras anteriores, pero en la parte inferior porque casi todo el espacio de los dos frontales (*ton podon... ten emprosken*) debía de estar reservado a las escenas tebanas: en efecto, podían apreciarse grupos de muchachos tebanos raptados por esfinges, y debajo de estas había una escena que representaba a Apolo y Artemisa matando con sus flechas a los hijos de Níobe.

Parece ser que entre las patas del trono había cuatro travesaños que las unían y que también estaban decorados. El travesaño situado frente a la entrada, es decir, el que mantenía unidas los dos patas anteriores, llevaba siete imágenes; la octava, no se sabe cómo, desapareció.

Pausanias sostiene que debían de representar escenas de antiguas competiciones porque en tiempos de Fidias no estaban en auge las competiciones de muchachos, y que una de estas figuras (un jovencito en ademán de ceñirse una cinta en el pelo) se parecía mucho a Pantarces, el joven de Elis ganador del campeonato de lucha en la LXXXVI Olimpiada, de quien se cuenta que fue amante de Fidias.

Este pasaje de Pausanias tampoco está muy claro porque el autor de *Descripción de Grecia* sabía perfectamente que en la época de Fidias las competiciones entre muchachos que se celebraban en Olimpia se habían puesto de moda hacía más de un siglo y medio.

Hay quien ha interpretado sus palabras de otro modo, es decir, en el sentido de que «Pantarces todavía no había alcanzado la edad para que se lo considerase un muchacho en los tiempos de Fidias».[18]

Así pues, no se trataría tanto de una apreciación acerca del vencedor de la competición olímpica para chicos como de una alusión a la relación de Fidias con un jovencito que todavía no había llegado a la pubertad, lo que constituía un delito grave ya que un niño no tenía el juicio necesario para decidir si deseaba o no mantener relaciones con un adulto. Clemente de Alejandría narra que en un dedo del Zeus de Olimpia estaba tallada la siguiente frase: «*Pantarkes kaloò*», es decir, «Pantarces [es] hermoso», una declaración de amor de Fidias al jovencito.[19]

Pero ¿qué medía el dedo de Zeus? El de un hombre normal mide unos ocho centímetros. En proporción, considerando que la estatua de Fidias tenía unos doce o trece metros de altura, la disparatada medida de un dedo de Zeus debía de ser de poco menos de un metro.

Los dedos del San Carlos Borromeo de Arona, estatua de casi veintitrés metros de altura (el doble de Zeus), miden 1,95 metros.

También hay que citar otro detalle importante del conjunto escultórico de Zeus: las balaustradas que pintó el gran Paneno (*Panainoò*), hermano de Fidias según Pausanias o sobrino según Estrabón, que separaban el área en la que se levantaba la estatua del resto del templo, donde se amontaban los visitantes. La primera impresión que estos tenían era la de hallarse ante un ser viviente tanto por la imponencia casi chocante de la estatua como por el realismo que le confería la policromía.

El marfil, que era el material más adecuado para imitar la epidermis, hacía que el rostro, con bigote, barba, ojos de color, cejas, cabellera suelta y labios teñidos de cinabrio (para estos últimos, en la pareja de estatuas de bronce de los guerreros de Riace y en el boxeador de las termas se habían utilizado láminas de cobre) fuera la parte más impresionante.

Una de las piezas más espectaculares del Museo Arqueológico de Cirene es una cabeza de Zeus en mármol policromado de la época de Adriano. Realizada en estilo fidíaco, el volumen de la cabellera y de la barba recuerdan de manera impresionante las descripciones del Zeus de Olimpia de Estrabón y Pausanias. Teniendo en cuenta la gran pasión que el emperador Adriano sentía por el arte griego, y, en especial, fidíaco (en la villa Adriana de Tívoli hay una réplica en mármol de una amazona de Fidias), podría deducirse que el emperador encargó esa copia a menor escala para colocarla quizá en la Acrópolis, en el templo de Zeus, que los arqueólogos italianos están reconstruyendo y completando con todo detalle.

La cabeza se halló fragmentada en unos cien trozos y los restauradores italianos la dejaron prácticamente perfecta. La extraordinaria calidad e intensidad de la obra induce a pensar que se trata de una copia del rostro más famoso de Zeus que existía entonces en el mundo: el de Olimpia.[20]

Volviendo a Paneno, sabemos que había pintado las balaustradas con temas mitológicos, como, por ejemplo, los trabajos de Heracles: lo muestran luchando contra el león de Nemea, sujetando el cielo estrellado en el lugar de Atlante y luchando contra el águila que devora el hígado de Prometeo. También están representadas las hazañas de Teseo y Pirítoo, Áyax el Menor violando a Casandra, un tema oscuro probablemente inspirado en uno de los poemas del ciclo de la *Iliupersis* o *El saqueo de Ilión*, y también inspirado por un poema del ciclo, quizá *La Etiópida*, la amazona Pentesilea que yace en los brazos de Aquiles después de que este la matara.

Debía de tratarse de un ciclo histórico extraordinario,

porque Paneno era uno de los pintores más famosos de su tiempo y había representado la batalla de Maratón en el pórtico Pecile (*stoā poikilè*, que significa «pórtico pintado, decorado»), uno de los monumentos más famosos de toda Atenas.

En la balaustrada estaban representadas asimismo las bodas de Pírítoo e Hipodamía, en las que también se hallaban como invitados los centauros que, borrachos, intentaron violar a las mujeres de los lapitas. Esta escena podía observarse igualmente en el frontón occidental exterior, con Apolo en el centro extendiendo el brazo para calmar los ánimos. En el frontón oriental se hallaba la escena que precedía a la salida de la carrera de carros de Enómao (padre de Hipodamía), y de Pélope, decimotercer pretendiente. A los otros doce ya los había asesinado y sus cabezas estaban clavadas en el portón del palacio de Enómao. Pero Pélope había sobornado al auriga de Enómao, Mirtilo, prometiéndole la primera noche de amor con Hipodamía. Mirtilo cambió los pernos de hierro de las ruedas por pernos de cera, que cedieron, y los caballos arrastraron a Enómao sobre las piedras hasta descuartizarlo. A pesar de ello, Pélope no mantuvo su promesa y su estirpe heredó su maldición.

Sorprende el hecho de que justo en el frontón del templo de Zeus en Olimpia, donde la lealtad se consideraba la virtud suprema y absoluta, se representara el episodio sanguinario de una carrera ganada gracias al engaño y el soborno.

La carrera de Enómao se presentaba larga y accidentada: se iniciaba Olimpia para acabar en el altar de Poseidón en Corinto. No obstante, concedía al pretendiente de su hija, cuya hermosura hacía perder el juicio, una ventaja: el tiempo que iba a emplear ofreciendo a Zeus el sacrificio de un carnero. Acto seguido, el rey Enómao salía fustigando los veloces e invencibles caballos recibidos del mismísimo Ares. Al final de la carrera alcanzaba infaliblemente a su adversario antes de que este llegara a la meta, le atravesaba la espalda con su lanza, lo decapitaba y regresaba a Olimpia con ella para clavarla en las puertas de su palacio.

¿Por qué representar una historia tan cruel y brutal en uno de los espacios más sagrados de la Hélade? ¿Qué sentido tenía? El lugar de la armonía suprema, de la belleza en estado puro también quería recordarnos de dónde venimos, que el origen de la competición es un enfrentamiento sangriento y bestial con extremidades machacadas, gritos de dolor, de odio y de locura.

En todo caso, tanto el exterior como el interior del templo eran una increíble concentración de arte en estado puro, donde dominaba el padre de los dioses sentado en su trono. El formidable conjunto frontal, aunque fragmentado, se conserva casi íntegramente: cuarenta y dos estatuas de hombres y mujeres, guerreros y monstruos, dioses y diosas, presentes en la vida humana pero al margen de ella, nos arrastran en un torbellino de pasiones primarias, de sed de poder, de concupiscencia y de violencia atroz.

Los dos ciclos estatuarios representados en los frontones han llegado hasta nuestros días en buen estado de conservación. Faltan algunos elementos, los colores, los accesorios metálicos (corazas, yelmos, grebas, lanzas y escudos brillantes como espejos) y la interacción con la luz límpida y absoluta del mundo helénico. Para hacernos una idea, podemos tomar como referencia, si bien respetando las diferencias cronológicas y estilísticas, los ciclos de cerámica policroma al estilo Della Robbia como, por ejemplo, el imponente friso con figuras a tamaño natural de la fachada del Ospedale del Ceppo en Pistoia, o los grupos monumentales de terracota policroma del primer Renacimiento.

Pero ¿qué fue del Zeus de Fidias? ¿Sobrevivió a la civilización que lo había creado? Por desgracia, las fuentes de que disponemos son escasas y poco generosas al respecto. Sabemos por Suetonio que Calígula ordenó que lo trasladaran a Roma.[21] Por suerte, el emperador no vivió lo suficiente para ver realizada semejante absurdidad, pero el hecho de que deseara hacerlo significa que la estatua existía todavía y que hasta ese momento había recibido las atenciones necesarias para mantenerse en buen estado, las cuales, por los motivos ya expuestos, a buen seguro eran frecuentes y minuciosas. En tiempos de Calígula el Zeus contaba con casi quinientos años de existencia, un lapso enorme para un objeto tan frágil y delicado.

Hoy en día podemos admirar en los museos obras de arte que tienen más de treinta siglos, pero se trata de objetos de mármol, piedra, oro o bronce que podrían, en teoría, durar indefinidamente. El Zeus de Fidias, como hemos visto, es un caso aparte ya que era una obra muy compleja, realizada con materiales como la madera y el marfil, que tienden a deteriorarse (sobre todo el marfil) y a perder sus características con el paso del tiempo.

Tras la mención de los planes de Calígula no han llegado hasta nosotros otras noticias, pero es razonable pensar que la estatua permaneció en su lugar de origen al menos hasta Constantino. Este emperador, que promulgó junto con Licidio el Edicto de Milán en el 313 d. C., concedió y garantizó la libertad de culto a todos los ciudadanos del Imperio y, por lo tanto, también a los seguidores de la religión olímpica, a pesar de que él había elegido el cristianismo. Las cosas cambiaron con las leyes teodosianas del 398 d.C., que instituyeron el cristianismo como religión de Estado y prohibieron los cultos paganos. A partir de aquel momento, ofrecer sacrificios a los otros dioses podía castigarse con la pena de muerte. Alcanzado el poder, los perseguidos se transformaron en persecutores. El linchamiento y asesinato de Hipatia en Alejandría en el año 415 d.C., cuya única culpa era ser una mujer hermosa, culta e independiente, tuvo lugar durante esa oleada de fanatismo religioso.

La ley se interpretó de formas muy diferentes según los lugares donde se aplicaba y los magistrados que lo hacían. En muchos casos, los monumentos y las imágenes del mundo clásico se destruyeron por considerarse manifestaciones impúdicas y personificaciones del demonio.[22] Pero el golpe de gracia a la memoria del mundo clásico lo infligiría Teodosio II, quien el 14 de noviembre del 435 d.C. dictó un decreto en el que ordenaba destruir todos los templos paganos existentes y decapitar todas las estatuas y las imágenes de los ídolos. Ese fue el destino de los santuarios de Olimpia y de cientos de desnudos de atletas que hoy día podemos admirar gracias a las réplicas romanas de mármol. Las obras maestras que han logrado salvarse de milagro deben su existencia al azar. Pensemos en el grupo escultórico de Hermes, conocido como de Praxíteles, que según muchos expertos es original, mientras que para otros se trata de una réplica marmórea de la obra primigenia en bronce, desaparecida.

Teniendo en cuenta ese panorama desolador, cabe temer por la suerte del Zeus de Fidias. Un testimonio de Jorge Cedreno, cronista bizantino del siglo XII, cuenta que un alto funcionario del Imperio de Bizancio, un *praepositus sacri cubiculi* llamado Lauso, poseía un palacio y una galería de arte donde guardaba, con el permiso del emperador, grandes obras maestras, entre las que se encontraban la Afrodita Cnidea de Praxíteles y el Zeus de Fidias.[23] Lauso murió en el 435, e ignoramos cuál fue el destino de su galería. ¿Es posible que la salvara el mismo Teodosio II? Sabemos que en el 475 un terrible incendio arrasó Constantinopla y el palacio de Lauso, que, según la mayoría de los estudiosos, debía de estar ubicado cerca de la parte occidental del hipódromo. Así pues, admitiendo que todavía estuviera íntegra, el incendio destruyó su valiosa colección.

La estatua de Zeus había superado incólume ocho siglos de rebeliones, guerras, conflictos religiosos, invasiones y terremotos. Quizá la trasladara a Constantinopla algún emperador de mentalidad ecléctica (¿Constantino?) para salvarla. Si así fue, la operación debió de resultar extremamente complicada. Lo más probable es que la desmontaran, al menos en parte, lo cual confirmaría que la forma lignaria estaba hecha de bloques y segmentos modelados desde el exterior y vaciados y cincelados en su interior, que se mantenían unidos gracias a travesaños de madera introducidos a presión y quizá también mediante encastres. En primer lugar porque no habría pasado por la puerta del templo, y en segundo, porque una vez fuera habría resultado imposible trasladar, ni por tierra y ni por mar, una estatua de trece metros y muchas toneladas. Después, al llegar a su destino, debieron de realizar una operación muy parecida a la de su construcción.

Aunque no tenemos ninguna noticia de que semejante hazaña ocurriera de verdad, de haberse hallado la estatua en Constantinopla en el siglo IV, eso significaría que su traslado se había efectuado con éxito. Una de las obras más extraordinarias de todos los tiempos, una de las siete maravillas del mundo, habría acabado en la capital del Imperio romano de Oriente, hecho que le habría garantizado varios siglos de supervivencia. Pero no fue así, y el gigante fidíaco que había asombrado a muchas generaciones desapareció en un remolino de llamas.

El coloso de Rodas

El coloso de Rodas es quizá la más deslumbrante de las siete maravillas del mundo antiguo, y una de las más misteriosas. No es que falten noticias acerca de esta obra, más bien lo contrario, pero son muy difíciles de interpretar, en especial los textos de carácter técnico, como el de Filón de Bizancio, nuestra fuente de referencia.[1] Filón era un «ingeniero», circunstancia que lo convierte en un testigo fiable, pero una obra como el coloso de Rodas implicaba el uso de técnicas que no eran únicamente de carácter estructural. En primer lugar, el coloso era una estatua, por lo que la escultura y el arte eran las disciplinas principales involucradas en su construcción. Pero también era de bronce y una parte de su estructura era de obra, lo que significa que para realizarlo había que dominar tanto la técnica de la escultura en bronce como la técnica constructiva.

La palabra *kolòssos*, de origen dorio por cuanto Rodas era una colonia de Argos, era, en efecto, un término propio del mundo microasiático que hacía referencia a los ídolos anicónicos.[2] Estos representaban al doble de algún dios, como el *ka* en Egipto, y se utilizaban para echar maldiciones o, en caso de magia blanca, para curar enfermedades.

En épocas posteriores el término se empleó para designar a las estatuillas votivas que los fieles dejaban en los santuarios, objetos que medían unos pocos centímetros. Con el paso del tiempo el termino *kolòssos* acabó por aplicarse a cualquier estatua,[3] y finalmente a la estatua por excelencia: al gigante de bronce que representaba al dios Helios, patrón de la isla y de su capital, clamorosa realización de un escultor llamado Cares de Lindos, discípulo del gran Lisipo, el único a quien Alejandro Magno permitía que lo retratara.

Lisipo había empezado desde abajo, como aprendiz de fundidor, y se había ensuciado y quemado las manos en los talleres de los broncistas. Era un gran innovador, tanto en la estética como en la técnica, al igual que su homólogo en la pintura, Apeles, también autor exclusivo de toda obra que retratase a Alejandro, por voluntad expresa del caudillo macedónico (es famosa la que lo representaba sujetando un rayo, expuesta en el templo de Artemisa en Éfeso).

Sabemos que Lisipo había realizado obras que impresionaban por su composición y su calidad, como, por ejemplo, el grupo extraviado de la batalla del Gránico, que representaba a Alejandro y a sus compañeros a galope tendido, obra de gran efecto visual. De Cares, que fue su discípulo, solo sabemos que es el autor del gigante de bronce erigido a principios del siglo III a.C., inaugurado hacia el 293 a.C., y derrumbado por el violento terremoto del 227 a.C., según refieren Plinio y Estrabón,[4] quienes especifican que la estatua se vino abajo sesenta y seis años después de su construcción a causa de un movimiento sísmico.[5] Su ubicación aún es objeto de discusión, pero la estatua debía de hallarse en algún lugar de la capital, probablemente cerca del puerto.[6] Plinio cuenta que en la isla de Rodas había un centenar de colosos y que cada uno de ellos habría podido enorgullecer por sí solo una ciudad, pero no especifica sus dimensiones, por lo que deducimos que variaban significativamente en función de quien los encargaba y de la habilidad de quien los construía. En realidad, las estatuas monumentales de bronce o mármol eran muy comunes en las ciudades antiguas porque representaban el modo de comunicarse con el pueblo a nivel político, propagandístico y religioso. Estrabón, que recuerda al coloso de Cares derruido por el terremoto, se entretiene primero describiendo la prosperidad de la isla, la diligencia del gobierno en la gestión de la cosa pública y su tráfico comercial. Bajo esta óptica, la proliferación de monumentos extraordinarios, junto con la ideología religiosa y política, induce a pensar que las autoridades potenciaban el arte, la cultura y las tecnologías de vanguardia como actividades que, además de prestigio, conferían un impulso importante a la economía.

A día de hoy numerosos monumentos, a menudo de grandes dimensiones, siguen llenando nuestras ciudades. Algunos (pocos) se remontan a la Antigüedad, como la estatua ecuestre de Marco Aurelio en Roma, que en la actualidad se halla en un museo, reemplazada por una copia en el centro de la plaza del Capitolio proyectada esta por Miguel Ángel. Sobrevivió porque se confundió a Marco Aurelio con Constantino, o el coloso de Barletta, de cuatro metros y medio de altura, que llegó a la ciudad en circunstancias no demasiado claras. En un primer momento se lo identificó con Heráclito, y en tiempos recientes y de forma más verosímil, con Teodosio II. Su aspecto actual se debe a una restauración que le devolvió las piernas y los brazos, que se habían fundido en la Edad Media para hacer una campana. Se calcula que en Roma había más de cuatrocientas estatuas ecuestres de tema imperial similares a la de Marco Aurelio, y casi todas de grandes dimensiones.

Muchas se trasladaron a Constantinopla cuando se desplazó allí la capital del Imperio, otras durante el dominio del tirano, codicioso y cruel emperador Focas, y el resto acabó destruido durante las invasiones bárbaras, más por el dinero que podía obtenerse de los lingotes de bronce que por vandalismo. Un ejemplo significativo es el de los bronces dorados de Cartoceto, hallados por casualidad durante la labor de desfonde de una viña, seguramente saqueados de un arco de Pesaro y destrozados por los jutungos en retirada.

La mayor parte de los monumentos modernos pueden atribuirse a la voluntad de crear una conciencia y una identidad nacionales y de transmitir sus valores comunes, tanto civiles como religiosos. En efecto, casi todos se construyeron durante el siglo XIX cuando se desarrolló el concepto de Estado-nación.

El primer monumento público conocido de la Antigüedad, obra de Critios y Nesiotes, es el de los tiranicidas Harmodio y Aristogitón, que habían matado a Hiparco, hijo de Pisítrato, en Atenas. A él se fueron uniendo muchos más en los santuarios panhelénicos erigidos en honor de los dioses, de los héroes o de los atletas vencedores en las competiciones olímpicas. Algunas de esas estatuas eran colosos en el sentido que atribuimos al término en la actualidad. Nos referimos a la Atenea Pártenos del Partenón, de doce metros de altura, al Zeus de Fidias en Olimpia, también de dimensiones colosales (entre doce y trece metros sentado), al que nos hemos referido ampliamente. Había otro Zeus de bronce de diecisiete metros de altura en Tarento, en «la inmensa ágora de los tarentinos», como la define Estrabón,[7] obra de Lisipo. La estatua, en posición de arrojar un rayo,[8] estaba construida sobre un pedestal basculante para no ofrecer resistencia al viento. Sabemos que al escultor le había resultado muy difícil anclarla al suelo y protegerla de las ráfagas de tramontana que soplaban en ese lugar tan ventoso y que constituían un peligro para el gigante de bronce, cuyo cuerpo se ofrecía a él como una vela. Si era cierto que a la estatua «no podía derribarla ningún temporal»,[9] significaba que el artista había tomado precauciones. Plinio añade que Lisipo había situado un pilar cerca de ella para atenuar el ímpetu del viento que soplaba en esa dirección.

Otro coloso procedente de Tarento era un Heracles ubicado en la acrópolis, también obra de Lisipo, de seis metros de altura. A pesar de poseer una musculatura triunfal, estaba representado en posición sedente, como descansando después de haber realizado hazañas extraordinarias. Una actitud que revelaba el *pathos* típico de las creaciones de Lisipo. Se transportó a Roma tras las guerras pírricas y se colocó en el Capitolio, desde donde se trasladó a Constantinopla, la nueva Roma, por orden de Constantino. Pero, por lo que parece, la estatua se convirtió en objeto de culto para los ciudadanos, poniendo en un apuro al emperador, quien la hizo llevar al hipódromo. Sobrevivió hasta la ocupación de Bizancio durante las cruzadas en 1204, cuando la fundieron para acuñar moneda y pagar a las tropas. Nicetas Choniates, en su obra *La historia*, lo comenta del siguiente modo: «Estos bárbaros [es decir, los cruzados francos] han destruido la obra del divino Lisipo para hacer calderilla».

Con la llegada del Imperio romano y del culto al emperador divinizado se realizaron más colosos de extraordinarias dimensiones cuyas partes (cabezas, pies, manos) de bronce y mármol se conservan en los Museos Capitolinos. El más famoso de ellos fue el coloso de Nerón (de bronce dorado y de entre 33,5 y 36,6 metros de altura), que se hallaba en el vestíbulo de la *Domus Aurea* y que representaba al emperador con una corona radiada. Es obra del escultor Zenodoro, que quizá se inspiró en el coloso de Rodas para su realización e intentó igualar, o incluso superar, su altura. Se supone que ambos llevaban la corona radiada, lo cual es significativo.[10]

Zenodoro acudió llamado a Roma porque ya había realizado un coloso para los arvernos.[11] En la realización de esa estatua, que representaba a Mercurio, es decir a Lug, el dios supremo de los celtas, había empleado diez años, y el coste fue de cuarenta millones de sestercios.

Del gigantesco Nerón solo queda el pedestal de bloques de toba cerca del anfiteatro Flavio, al que en adelante se conocería como el Coliseo por la presencia de la estatua. Plinio afirma haber entrado en el taller del escultor, y su visita nos proporciona una valiosa información, esto es, el gran parecido que guardaba un modelo de arcilla con el coloso y la presencia de «bastoncillos» que sirvieron en la primera fase del trabajo. El autor pone de relieve la minuciosidad con la que el artista realizaba el modelo, que en este caso podemos imaginar como una estatua de barro cocido de tamaño natural, a escala 1/26. El uso de los bastoncillos induce a pensar en los bebederos que se utilizan en la técnica de la cera perdida, empleada ya entonces, desde hacía siglos.

Se cuenta que cuando Adriano quiso desplazarlo se necesitaron veinticuatro elefantes.[12]

La gran masa de metal de la que estaba hecho fue la causa de su destrucción, pues lo más seguro es que acabara desvencijado para reutilizar su metal.

Pero en todo caso ¿por qué el coloso de Rodas se enumeró entre las siete maravillas? Probablemente porque ninguna estatua precedente había alcanzado sus dimensiones, ni siquiera en el antiguo Egipto donde, por otra parte, existieron varios colosos, tanto en Karnak como en Abu Simbel. El coloso de Ramsés II, colocado en el templo funerario de Karnak, hoy destrozado y carente de rostro, medía diecisiete metros y pesaba mil toneladas. Un metro más de altura, contando el pedestal, tenían los colosos de Memnón, que en realidad representaban a Amenofis III y recibieron su nombre actual de los griegos de la época ptolemaica, quienes lo identificaron con el héroe etíope hijo de la Aurora que acudió con su ejército en ayuda de Príamo.[13] Las estatuas ubicadas más al sur, las de Abu Simbel, que representan a Ramsés II, están esculpidas en la roca viva y tienen una altura de veinte metros cada una.

La maravilla de Cares también debió su fama a una serie de elementos circunstanciales: por ejemplo, que se erigiera gracias a la venta, o quizá reutilización, de trozos de la helépolis, una formidable torre de asedio realizada para Demetrio Poliorcetes;[14] que se derrumbara sesenta y seis años después de ser construido; que, según cuenta la leyenda, Cares se suicidara tras haberlo concluido al darse cuenta de que había cometido un error irreparable, anécdota que al parecer nació después de que el terremoto provocó el derrumbamiento del coloso. A esto hay que añadir el hecho de que cuando quisieron reconstruirlo un oráculo de Delfos advirtió a los habitantes de Rodas que no lo hicieran.

Pero ¿cuál fue la razón que sirvió de impulso para la realización de semejante prodigio?

Encontramos una explicación en la guerra que Antígono Monóftalmos declaró a la ciudad. Rodas había logrado mantenerse al margen de las guerras de los diádocos y los epígonos, los sucesores de Alejandro, por ser un estado independiente nacido del sinecismo entre las tres ciudades-estado de Lindos, Cámiros y Yáliso, pero no había podido evitar que Antígono la coaccionara para que no mantuviera contacto con el Egipto de Ptolomeo I. En efecto, Antígono alimentaba el sueño de mantener unido el Imperio de Alejandro, y Ptolomeo era su mayor y más directo oponente.

Rodas no quería tomar posición contra Antígono, pero sí mantener sus lucrativas relaciones comerciales con Egipto, así que se negó. Corría el 304 a. C. cuando Antígono envió a Rodas cuarenta mil hombres en una flota de doscientos barcos de guerra y ciento sesenta de carga bajo el mando de su hijo Demetrio Poliorcetes, «el expugnador de ciudades». Demetrio asedió la capital con maquinaria y artillería de última generación, entre la que se contaba la potente bastida denominada helépolis («conquistadora de ciudades»), de cuarenta metros de altura, es decir, un edificio de trece pisos, rebosante de arietes y catapultas que podían bombardear Rodas, literalmente, desde el cielo. Esa maquinaria era la heredera de la ingeniería militar que Alejandro y sus técnicos desarrollaron, y permitió realizar hazañas consideradas imposibles hasta ese momento, como el sitio de Tiro.[15]

Pero Rodas resistió con obstinación sin ceder ni pactar, y al final Demetrio se resignó a levantar el asedio y a retirarse abandonando sus maquinarias. Fue entonces cuando Rodas vendió el material, especialmente los metales, y con lo que obtuvo decidió erigir una estatua votiva al dios Sol, la más grande del mundo. Cuenta la leyenda que la isla estaba oculta en el fondo del mar y que cuando el dios Sol la descubrió pidió permiso a los demás dioses para protegerla. Así que el dios Sol no era únicamente el protector de Rodas, sino también el que la había sacado del fondo del mar.

Aun así, la construcción del coloso no fue solo un acto de gratitud votiva hacia el dios protector de la ciudad y de la isla, sino también un gesto propagandístico. El mensaje que se quería transmitir era que nadie podía permitirse dar órdenes a Rodas, que la ciudad poseía recursos económicos, humanos y tecnológicos suficientes para frustrar cualquier intento de imponerle comportamientos contrarios a sus intereses y a su voluntad. Una demostración de orgullo parecida a la de los estadounidenses cuando construyeron el edificio Liberty Tower después de que las torres gemelas del World Trade Center cayeran en el atentado terrorista más temerario de todos los tiempos.

El encargo se confió a Cares de Lindos, un escultor del que no sabemos prácticamente nada, aparte de que es el autor del coloso y de que era discípulo de Lisipo. Una vez más, las pistas de Plinio nos hacen pensar que se trataba de un gran artista: «En el Capitolio había dos cabezas [¿colosales?] que el cónsul Publio Léntulo mandó construir, de las que una era obra de Cares. La otra [...] era inferior comparada con la de Cares, parecía realizada por el más mediocre de los escultores».[16]

Este pasaje suele interpretarse en el sentido de que el segundo escultor, anónimo gracias a la laguna del texto, debía de tener un nivel muy bajo.

Obviamente, Cares sabía dónde se colocaría el coloso y lo que debía representar, y lo más probable es que su cliente, es decir, la ciudad, le impusiera las dimensiones. Pero visto que la altura casi doblaba a la del Zeus de Lisipo en el ágora de Tarento, no puede excluirse que fuera él mismo quien las aconsejara, empujado por la ambición de doblar las dimensiones de la máxima realización de su maestro.

Las descripciones de Plinio, Estrabón y Filón de Bizancio son extremamente detalladas, pero no lo suficiente para que sepamos a ciencia cierta dónde se ubicaba y qué aspecto tenía. A este propósito, muchas personas se dejan condicionar por el hecho de que en los grabados del Renacimiento y del siglo XVII el coloso se representa desnudo, con una espada en la mano y las piernas abiertas sobre la bocana del puerto, mientras los barcos navegan por debajo de él con las velas desplegadas. Esta misma imagen, con algunas variaciones, fue la que eligió Sergio Leone en su primera película, *El coloso de Rodas*, de 1961: un bodrio sin sentido en el que la enorme estatua se había reconstruido con efectos especiales a caballo de la embocadura del puerto, aguantando entre las manos un brasero que hacía las veces de faro nocturno, pero que en caso de necesidad podía convertirse en una cascada de fuego que bloqueaba la entrada a los barcos enemigos.

Esta postura no habría sido viable a causa del desequilibrio que la inclinación hacia delante causaría y, probablemente, por la separación de las piernas. Existen estatuas con las piernas separadas: el Zeus (o, con menor probabilidad, el Poseidón) del templo de Artemisa, un bronce espectacular de estilo austero expuesto en el Museo Arqueológico Nacional de Atenas, representado lanzando un rayo, o un tridente, con las piernas separadas, los brazos abiertos alineados con el torso, el pie izquierdo totalmente apoyado y en línea con el cuerpo, y el derecho apoyado solo en los dedos porque el talón está separado del suelo. Los puntos de apoyo ofrecen un aspecto muy natural, pero en realidad ambos pies llevan incorporados una espiga, es decir, un perno que encaja en un agujero realizado en la piedra o el mármol del pedestal. Además, la estatua no tiene un peso excesivo, la palanca de impacto es limitada y el equilibrio perfecto. Pero si aumentáramos las proporciones de la estatua, que mide 2,09 metros, unas quince veces, el peso del tronco, de los brazos y de la cabeza la partiría en dos a la altura de la pelvis, a menos que su interior se dotara de estructuras de contención, como tirantes o barras. Por no hablar de los brazos abiertos, uno hacia atrás lanzando el rayo o el tridente y otro hacia delante equilibrando la postura: en proporciones gigantescas habrían sobresalido excesivamente y habrían ejercido una tensión que los hombros no habrían soportado a buen seguro.

En teoría, la postura del coloso con las piernas separadas habría podido aguantar, pero con una armazón con forma de «Y» invertida que habría necesitado a su vez una base cuadrada que uniera los travesaños; en cualquier caso, la distancia de cuatrocientos metros entre un muelle y otro no se habría superado. La opción de Cares de llenar de piedras[17] las piernas del Coloso demuestra que no estaba seguro de que la estática de la construcción fuera correcta, ni siquiera dándole una impostación compacta y vertical.

Es probable que Cares proyectara la estatua en posición vertical y lineal, con pocos elementos (o ninguno) que sobresalieran de su perfil o sus voladizos, como la Atenea de Fidias en el Partenón, inscribible en un cilindro. Eso no significa que tengamos que imaginar una estatua de aspecto egipcio o arcaico como los *kouroi*.[18] Todo lo contrario, debía de presentar una anatomía imponente y tener un rostro muy expresivo, características nada fáciles de realizar en proporciones tan exageradas.

Hay quien sostiene que el coloso tenía un brazo levantado (¿quizá el derecho?) por encima de la cabeza, sosteniendo una antorcha que hacía las funciones de faro para los navegantes, pero no existen pruebas que confirmen esta hipótesis. La escultura de piedra que H. Maryon reproduce en su artículo es un bajorrelieve de Rodas que representa un torso masculino velludo con el brazo derecho doblado sobre la cabeza como si sostuviera algo.[19] El estudioso define esta obra como una reproducción del coloso. Si fuera verdad, se corroboraría la idea tradicional de que el coloso hacía las veces de faro, pero es una hipótesis difícil de aceptar. Higgins interpreta el bajorrelieve de Maryon como un atleta que se coloca sobre la cabeza la corona de la victoria,[20] y no le falta razón: la escultura de «La juventud victoriosa» del Museo Getty (o el atleta de Fano, como se conoce en Italia), un bronce helenístico estilísticamente atribuible a Lisipo, y por lo tanto del mismo período, tiene una posición idéntica. En las demás tipologías conocidas el atleta está representado con los dos brazos levantados en ademán de atarse la diadema o cinta que le ceñía la cabeza.

Muchos sostienen que la estatua de la Libertad de Nueva York, que supera en siete u ocho metros la de Cares, se habría inspirado presuntamente en una imagen con el brazo levantado (hipótesis no demostrable), y que su colocación en la entrada del puerto también evocaba al coloso.

Pongamos que realizamos una réplica en mármol de una estatua de bronce. Puesto que el bronce es maleable, el escultor puede permitirse que la figura adopte una postura muy dinámica. Un ejemplo podría ser el discóbolo de Mirón, que tiene el cuerpo en torsión a la altura de las caderas, los brazos en arco y la cabeza vuelta hacia atrás e inclinada hacia abajo. Los únicos puntos de apoyo son los dedos de los pies. No ha quedado nada del original, pero existen varias copias en mármol, y todas, de la primera a la última, tienen un puntal, por lo general con forma de tronco de árbol, a la altura de la unión del muslo con la cadera para evitar que la escultura se parta por las rodillas.

Volviendo a nuestro coloso, las principales fuentes de que disponemos están de acuerdo en una cosa: para estabilizarlo, Cares rellenó las piernas de piedras enormes. Seguramente quería contrarrestar el peligro que suponía el viento, y quizá también los terremotos, que en el Egeo siempre han sido frecuentes. Tal vez no pensó que las piedras comportaban una rigidez en las partes que las contenían y el peligro de una línea de fractura en el punto donde acababan.

Filón de Alejandría describe con mucha precisión el aspecto del entorno donde se realizó la famosa estatua:

una especie de tablestacado (muro de contención formado por vigas y tablas de madera, quizá obtenidas después de desmontar la helépolis) que se iba rellenado con tierra a medida que aumentaba la altura de la estatua. Permitía trabajar mucho más cómodamente que un simple andamio hecho de tablas y postes. En cualquier caso, Cares tuvo que montar una torre de hierro que hiciera las veces de armazón, tal como Maryon reconstruyó minuciosamente en su dibujo.[21] Pero ¿cómo estaba construida la figura? ¿Se perfilaban las láminas de bronce a martillazos o se colaban en moldes las paredes de la estatua, sección por sección, elevando al mismo tiempo el terraplén?

Nos conviene prestar atención a Filón, que en este caso es muy preciso. Por supuesto, el modo en que interpretamos sus palabras puede ponerse en duda, pero lo mismo sucede con el resto de las explicaciones existentes. Hay que aclarar que hemos intentado interpretar la fuente griega teniendo en cuenta la lógica que ofrece el contexto, el cual, por suerte, resulta bastante claro en lo que concierne a la técnica que se utilizó para realizar el coloso. Antes de empezar a describir la construcción, el autor indica que el trabajo oculto dentro de la obra es mayor del que puede apreciarse en su exterior. La enorme cantidad de hierro empleado (trescientos talentos, equivalentes a unas doce toneladas) demuestra el gran número de viguería, refuerzos, grapas y cadenas utilizados para proteger al coloso del viento, los temporales y los terremotos.

«El artista creó, en primer lugar, un pedestal de mármol blanco [seguramente sería muy sólido y adecuado al peso que tenía que sostener] y fijó en él, con suma precisión, los pies del coloso hasta el talón calibrado, teniendo en cuenta que ahí se apoyaría un dios de sesenta codos de

Reconstrucción de los jardines colgantes de Babilonia en un dibujo del siglo XX.

Dibujo original del viajero y arqueólogo inglés Austen Henry Layard (1817-1894). Reproduce un bajorrelieve, hoy desaparecido, que encontró durante sus excavaciones en Nínive, en el que puede reconocerse un jardín colgante. En su libro *The Mystery of the Hanging Garden of Babylon*, Stephanie Dalley plantea la hipótesis de que los famosos jardines colgantes existieron realmente, pero no en Babilonia, sino en Nínive.

La Esfinge y la gran pirámide de Guiza en una foto de 1865.

La gran galería en el interior de la pirámide del faraón Keops.

Reconstrucción de la estatua de Zeus en Olimpia. Grabado de Johann Fisher von Erlach, arquitecto austríaco de principios del siglo XVIII.

Cabeza policromada de mármol pentélico hallada durante las excavaciones del templo de Zeus, de gran parecido con la original del Zeus de Olimpia. Museo Arqueológico de Cirene.

El coloso de Rodas, obra del pintor flamenco del siglo XVII Louis de Cau-
llery. Museo del Louvre, París.

Reconstrucción del mausoleo de Halicarnaso. Grabado original del arquitecto e historiador del arte alemán Oskar Mothes, *ca.* 1890.

Fresco de mármol proveniente del mausoleo de Halicarnaso, con escenas de la amazonomaquia. Museo Británico, Londres.

Reconstrucción del templo de Artemisa. Grabado del siglo XVIII, obra de Johann Fischer von Erlach.

Tambor de una columna del templo de Artemisa, donde puede verse a Hermes en su faceta de psicopompo o conductor de almas. Museo Británico, Londres.

Reconstrucción del faro de Alejandría. Grabado del siglo XVIII, obra de Johann Fischer von Erlach.

Mosaico del siglo xii en la basílica de San Marcos de Venecia, en cuyo panel central se representa la llegada del apóstol san Marcos a Alejandría. A su derecha, el faro.

Las cabezas gigantescas de dioses y de un águila, restos del mausoleo de Comagene, tumba-santuario del rey Antíoco I Theos Epífanes, en la terraza occidental del monte Nemrut, al ocaso.

Vista parcial de la terraza oriental. A la espalda de los colosos, el mausoleo en la cima del monte, con forma de túmulo cónico y hecho con guijarros y rocas.

Relieve de la terraza occidental con el famoso «león astral», considerado uno de los horóscopos más antiguos del mundo.

altura [unos treinta y tres metros y medio, según como se calcule la longitud del codo]. Las dimensiones de las plantas de los pies superaban por sí solas las de las demás estatuas, lo que significa que el pie tenía unos dos metros de espesor.»

Acto seguido Filón especifica que no habría sido posible superponer a la estatua partes construidas en otro taller, sino que «era necesario trabajar directamente a partir de los tobillos y los maléolos para que la obra entera creciera sobre sí misma, como cuando se construye un edificio». La técnica es, por lo tanto, diferente por completo de la de los broncistas que primero, subraya Filón, funden la parte central del cuerpo, después, separadamente, las extremidades, y por último ensamblan la estatua. «Finalizada la primera fusión, se añadía de inmediato la segunda, después la tercera y así sucesivamente. De hecho, no podían separarse las extremidades metálicas.[22] Una vez terminada la fusión, no [se distinguían] las señales de separación en las partes ya realizadas, ni las uniones, junturas [de las grapas] o el contrapeso de las piedras introducidas para equilibrar la obra, que no debía sufrir la menor oscilación. El artista echaba alrededor de las extremidades inacabadas una gran cantidad de tierra que ocultaba lo que había construido, y continuaba sobre la [fusión] acabada, la siguiente etapa.»

Así que utilizaban un terraplén en lugar de un andamiaje, que es lo que haríamos hoy en día, porque era más sencillo arrastrar los bloques de piedra y la tierra por una rampa que se sostenía mediante una especie de tablestaca de tablas, probablemente desmontadas de la helépolis.

Maryon ha conjeturado que fundían las partes separadamente, y después las martillaban y perfilaban en el mismo lugar,[23] pero no cabe duda de que la técnica que Filón describe en el fragmento que acabamos de reproducir sea la más plausible, y de nada sirve rebatir que no es posible la aleación del bronce fundido con el bronce frío. Doblar chapas de bronce de varios centímetros de espesor a martillazos presenta una dificultad elevada; también porque realizando partes relativamente pequeñas que pudieran manejarse mejor se crearía una especie de mosaico de cuadros estéticamente inaceptable, y los problemas de adaptación de las partes se multiplicarían de manera exponencial en los cuatro lados.

El testimonio de Plinio a propósito de otro coloso puede servirnos de ayuda.[24] Se trata de un Júpiter fundido con el bronce de las armas que el cónsul Carvilio arrebató a los samnitas, y que se ubicó en el Capitolio. Era tan grande que podía verse desde el santuario del Júpiter Lacial, en el monte Cavo. Plinio narra que el cónsul Carvilio mandó hacer una estatua que lo retrataba, y que esta, realizada con las limaduras del coloso, se situó a los pies de Júpiter. Estamos en el siglo III a. C., es decir, poco antes de la realización del coloso de Rodas, y el artista encargado de la obra debió de ser, sin duda, un griego. La enorme cantidad de limaduras que permitió fundir otra estatua de tamaño natural revela un intenso e importante trabajo de acabado de la estatua principal, que sin duda tendría muchas rebabas debidas a la ejecución de coladas sobrepuestas y unidas desde el interior mediante grapas y refuerzos de varios tipos.

Del fragmento de Filón a propósito del coloso de Cares parece deducirse que los ganchos y las conexiones entre una fusión y otra se aplicaron en el interior, y que resultaban invisibles desde fuera. Las líneas de sutura entre una fusión y otra debían de acabarse con la lima. Por eso el cónsul Carvilio, tras la limadura de Júpiter en el Capitolio, pudo utilizar la cantidad de bronce resultante para fundir su propia estatua.

Filón concluye de este modo su historia sobre el coloso de Rodas: «Al final, [el artista] logró concluir su obra, tal como había proyectado, y, después de utilizar quinientos talentos de bronce y trescientos de hierro, construyó un dios digno de su nombre; realizando esta obra desmesurada con gran audacia, colocó otro Sol en el universo».

A partir de estas palabras casi poéticas, se deduce la infinita admiración que Filón sentía por el autor de esa obra maestra; no hace mención al triste desenlace de la empresa, como si le faltara valor para describir el catastrófico destino de una obra cuya creación fue tal vez más audaz que la de la gran pirámide de Guiza.

Resulta asombroso que no tengamos ni una sola imagen del coloso. Los estados griegos solían representar los símbolos de su identidad en sus monedas porque estas eran un vehículo formidable de lo que hoy llamaríamos visibilidad, pues, al circular, acababa en las manos de todos. Es cierto que existe una moneda de Rodas que probablemente representa el rostro del Helios de Cares[25] o, según otra interpretación, Helios sobre el carro solar, obra de Lisipo para Rodas, cuyos ojos grandes y muy abiertos le conferían una mirada centelleante. Pero, aunque así fuera, falta una representación de las dimensiones colosales de la estatua. ¿Cómo es posible que el coloso, honor y orgullo de Rodas, no se encuentre reproducido en ninguna parte? A la espera de nuevos y gratos descubrimientos numismáticos, por ahora tenemos que contentarnos con las conjeturas.

Se ha especulado mucho acerca de la ubicación del coloso. Una de las teorías que merece más crédito lo situaba en uno de los puertos de la ciudad (donde se encuentra en la actualidad el fuerte de San Nicolás), cerca del mar y expuesto a vientos muy violentos durante el invierno y a las perturbaciones que suelen abatirse sobre el Egeo. Otra teoría[26] sostiene que se hallaba en el lugar de la iglesia de los Caballeros de San Juan. En cualquier caso, el gigante habría presentado un problema de estabilidad. ¿Cómo podía aguantarse una estatua que se apoyaba sobre una superficie mínima (los pies, unos cinco o seis metros cuadrados como mucho) en proporción a un cuerpo de treinta y tres metros y medio de altura? El cuerpo desmedido habría ejercido un efecto palanca sobre la base en caso de solicitación transversal. En otras palabras, aunque pudiera soportar una compresión muy elevada la parte inferior del cuerpo, este en su totalidad no habría resistido la torsión ni ningún tipo de solicitación transversal.

Cares creyó que resolvería el problema de la estabilidad llenando de piedras las piernas de la estatua. Esta decisión, en teoría sensata, quizá causara en la práctica más daños que beneficios. En efecto, es muy probable que el lastre formado por piedras cuadradas no alcanzara la parte superior de la estatua, sino que se detuviera en las piernas; el resto del cuerpo contaba con un armazón de vigas de hierro. De este modo, el coloso carecía de elasticidad justo en el punto crítico de las rodillas, donde precisamente se rompió con las sacudidas del terremoto.[27]

La empresa duró doce años, un lapso que demuestra la gran complejidad del trabajo emprendido, pero que supera solo en dos al que Zenodoro empleó para construir el

Mercurio de los arvernos. Como ya hemos visto, la realización de la obra era posible gracias a un terraplén que, al aumentar su altura paulatinamente, proporcionaba una superficie plana y transitable. Al final fueron desmontando el enorme terraplén empezando por la cima y, a medida que lo hacían, el gigante aparecía solitario y resplandeciente en toda su majestad; su poderosa musculatura era admirada a plena luz del día por miles de personas que le mostraban su veneración.

En ese momento el gran discípulo del gran Lisipo, el artista temerario que había tenido la audacia de duplicar las proporciones de la obra de su maestro en Tarento, debió de sentirse como un dios, más poderoso que un rey, por haber hecho realidad un sueño irrealizable. Firmó su obra en el pedestal con las siguientes palabras: «Siete veces diez codos de altura / obra de Cares de Lindos».

Tuvo la suerte de no vivir lo suficiente para ver que, en el 227 a. C. un terremoto implacable derruía el coloso. Pero aun así, hecho pedazos, siguió asombrando a los visitantes. Plinio cuenta que pocos hombres tenían los brazos lo suficientemente largos para abarcar con ambos uno solo de sus pulgares, y que sus dedos medían lo mismo que una estatua de dimensiones normales.[28] Las extremidades fragmentadas mostraban enormes cavidades y las rocas que el escultor había utilizado para estabilizar el coloso.

Sabemos por Estrabón que los habitantes de Rodas no lo reconstruyeron, a pesar de que el rey Ptolomeo de Egipto se ofreció para financiar su restauración, porque un oráculo de Delfos les había desaconsejado que lo hicieran. El cuerpo destrozado del gigante yació durante siglos suscitando asombro y maravilla en quienes lo veían.

Constantino Porfirogéneta nos informa de que en el año 653 d.C. un general de Otmán llamado Mavia ocupó Rodas y demolió (en el sentido de que lo hizo pedazos) el coloso, y que lo vendió a un mercader judío de Edesa (la actual Sanliurfa, en Turquía), que cargó de bronce novecientos camellos.[29] Habían pasado casi mil años desde que Cares construyera esa obra extraordinaria de la que nunca se ha hallado ni siquiera un fragmento.

El mausoleo de Halicarnaso

Tres siglos después de su construcción, el mausoleo de Halicarnaso, gigantesco sepulcro de Mausolo, sátrapa de Caria, región de Asia Menor, ya se había convertido en todo un símbolo: su nombre era sinónimo de «tumba monumental», y sigue siéndolo en la actualidad.

En el siglo I d.C., en época de Nerón, Marco Anneo Lucano, joven poeta de gran talento y sobrino del filósofo Séneca, escribió la *Farsalia*, una especie de poema épico sobre las guerras civiles donde también describía escenas de la guerra alejandrina, en la que César, que había salido precipitadamente y con un pequeño ejército en persecución de Pompeyo, derrotado en Farsalia, había acabado asediado en el palacio de Lochias, morada real de los ptolomeos.

Las concisas palabras de Lucano permiten que nos hagamos una idea de cómo era la tumba de Alejandro, que debía de ubicarse en las cercanías de la necrópolis real, y las de los ptolomeos, la dinastía reinante, que por aquel entonces tenía los días contados. La primera es una tumba con cámara subterránea rematada por un gran túmulo, las segundas tienen las características de «pirámides» y «mausoleos».[1] Estas dos palabras indican dos tipologías de tumbas monumentales muy significativas, pues forman parte del catálogo de las siete maravillas. Las primeras son de estilo egipcio y recuerdan vagamente los antiguos y gigantescos sepulcros de los faraones de la IV dinastía. Las segundas son de arquitectura griega o grecoasiática y se inspiran en la tumba monumental de Mausolo, señor de Halicarnaso y sátrapa de Caria por cuenta del gran rey Artajerjes II.

La convivencia de ambas tipologías se explica por el hecho de que los ptolomeos, aun siendo macedonios, reinaban en calidad de faraones de Egipto, y como tales se presentaban dentro del país. Por el contrario, en el extranjero aparecían como soberanos de cultura helénica, y en las monedas se hacían representar de perfil con la cabeza ceñida por una cinta (la diadema) al estilo griego. Sus necrópolis, en consecuencia, tenían que evocar ambas culturas. Esto significa que tanto las pirámides como el mausoleo, ya considerados una de las siete maravillas del mundo, habían influenciado profundamente la arquitectura funeraria de Alejandría.

Pero ¿qué era el mausoleo y por qué motivo era tan famoso e importante en la historia del arte y de la arquitectura de la Antigüedad? Para responder a esta pregunta no solo es necesario remontarse al personaje que estaba sepultado en él, sino también tener en cuenta la cultura de la ciudad de Halicarnaso, que era un asentamiento grecodórico en territorio indígena. Heródoto, el gran historiador y etnógrafo que precedió a Tucídides en el planteamiento de la historiografía evolucionada, había nacido allí. Era hijo de padre griego y de madre asiática, por lo que su interpretación del origen de las guerras persas era equilibrada. Para él la causa principal del conflicto (*arké kakòn*) había sido la intervención ateniense para ayudar a las colonias jónicas que se habían rebelado contra los persas en el año 498 a. C. y el incendio del templo de la Gran Madre de los dioses en Sardis.

Halicarnaso era una ciudad-estado, como todas las de la costa egea oriental, surgida sobre una isla enfrente de una bahía, fundada por los griegos pero dependiente de los persas que, reconociendo la extraordinaria peculiaridad civil, lingüística, científica y literaria de las ciudades-estado griegas de Oriente, preferían gobernarlas a través de sátrapas locales o tiranos, como eran conocidos, que casi siempre eran de etnia y cultura griegas, como Histieo y Aristágoras de Mileto. En efecto, para ellos resultaba mucho más sencillo tratar con una sola persona que con una comunidad representada por una asamblea o un gobierno ciudadano.

Los impuestos eran moderados y a cambio el Imperio garantizaba a estas comunidades cierta autonomía, el papel de terminales del tráfico comercial hacia Occidente, una red de caminos y una administración interna severa pero eficiente.

Cuando el mausoleo se erigió el Imperio persa estaba debilitado hasta tal punto que setenta años antes una expedición de mercenarios griegos (los famosos Diez Mil de Jenofonte) que seguían a Ciro el Joven, un príncipe rebelde, casi había alcanzado Babilonia. A la muerte del príncipe, los mercenarios habían retrocedido hasta Bizancio a través de Mesopotamia, Armenia, Cólquida, Ponto y Bitinia, sin que los persas del emperador Artajerjes lograran impedirlo. Y pocos años después Darío III, el último de los grandes reyes, sería derrotado y privado de su reino por Alejandro Magno.

Sabemos dónde se hallaba exactamente el mausoleo gracias a las excavaciones que los ingleses llevaron a cabo en la segunda mitad del siglo XIX. Estaba ubicado a la derecha del teatro, enfrente de la bahía. Esta posición revestía un significado importante vinculado a la tradición griega, a pesar de que Mausolo era de etnia caria y no descendía de los fundadores de la ciudad.

En especial, se relacionaba con la tradición de las colonias griegas de los siglos VIII-VI a. C., cuando era habitual colocar en el centro de la ciudad el monumento funerario del *oikistés*, es decir, del fundador nombrado por el oráculo délfico, lo que le confería un carisma especial, una especie de sacralidad. Los *oikistai* de las colonias son los únicos ejemplos que conocemos. Era especialmente famoso el fundador de Cirene, Bato, que también fue el fundador de la dinastía de los Batíadas, que reinó en la ciudad durante largo tiempo.

Un ejemplo de época posterior a la del mausoleo podría ser la tumba de Alejandro, a quien primero se enterró provisionalmente en Menfis[2] y después en Alejandría, en un lugar que sigue siendo objeto de un animado debate.

La interpretación de ciertas fuentes[3] haría pensar que estaba ubicado en el centro de la ciudad, cerca de la mezquita de Nabi Daniel o del montículo Kom el-Dikka,[4] en el cruce de las dos calles principales, pero otras pistas no menos importantes sitúan el sepulcro del conquistador macedonio en la necrópolis real del palacio en Lochias, residencia de los soberanos ptolomeos. En cualquier caso, como ya se ha explicado, se trataba de una tumba de rito macedonio con cámara sepulcral rematada por un túmulo de tierra, coronado quizá por un símbolo, probablemente muy parecida a la de su padre, Filipo II, que descubrió

Manolis Andronikos en 1977. Nada que ver con el suntuoso y gigantesco sepulcro de Halicarnaso que, según Lucano, habría servido de modelo para algunas de las tumbas de los ptolomeos, pero no para la de Alejandro.

La importancia del testimonio de Lucano consiste en que gracias a él sabemos que del siglo IV en adelante el sepulcro de Halicarnaso se había convertido en el modelo por excelencia de las tumbas monumentales, sobre todo en Oriente. En Italia los sepulcros imperiales como el de Augusto y el de Adriano son los más parecidos a los macedonios, si bien hay quien sostiene que se asemejan más a los etruscos, con un tambor de piedra en la base rematado por un túmulo sobre el que se colocaba un monumento de bronce dorado, que solía representar una cuadriga que conducía al emperador divinizado hasta el cielo.

Este detalle también estaba presente en el mausoleo, que tenía una cuadriga gigantesca con la imagen del soberano en la cúspide.

Pero ¿por qué dedicar a una dinastía local un monumento imponente y espectacular hasta tal punto que llegó a considerarse uno de los siete más hermosos y admirables del mundo conocido?[5]

En primer lugar debe tenerse en cuenta que Mausolo no era estrictamente un sátrapa local: aprovechando la debilidad del Imperio persa bajo el reinado de Artajerjes II Noto y partiendo de su capital, Milas, logró una notable expansión de sus territorios ocupando toda Caria, parte de Licia y Lidia, Rodas, Cos y Quíos, Mileto y Halicarnaso y, según algunos, también Éfeso.

Artajerjes II, que había derrotado a su hermano Ciro el Joven en Cunaxa en el 401 a. C. a pesar del valor legendario de sus diez mil mercenarios griegos, encontró muchos obstáculos en Egipto, en el Caspio y también en Chipre, donde el tirano Evágoras obligó a su ejército a batirse en retirada.

Es muy probable que en esta situación Mausolo lograra conquistar una independencia casi completa, reconociendo solo formalmente la soberanía del Gran Rey. Si, como opinan la mayor parte de los estudiosos, la magnífica y colosal estatua lo retrataba con fidelidad, debía de ser un hombre muy apuesto y carismático. Fue él quien decidió abandonar Milas, la antigua capital de Caria, para trasladarse a Halicarnaso. La ciudad contaba con una población mixta, un magnífico puerto comercial y una tradición cultural, técnica y mercantil de primer orden.

Mausolo se casó con su hermana Artemisia, que fue quien dedicó a su esposo el suntuoso y monumental sepulcro que asombró a los visitantes durante siglos. Casarse con la propia hermana era práctica común en el antiguo Oriente, así como en el Egipto faraónico y ptolemaico.

Artemisia sobrevivió a su marido tan solo dos años, por lo que hay quien sostiene que se construyó en ese período de tiempo. Pero es difícil de creer, dada la enormidad de la empresa, el número de columnas y la riqueza de las esculturas, que con toda probabilidad necesitaron unos años más para quedar acabadas.

Se supone, así pues, que las obras empezaron cuando Mausolo vivía todavía. Sin duda fue él quien eligió la explanada a la derecha del teatro, en el seno de una colina y en posición dominante. A diferencia del templo de Artemisa, el mausoleo se erigió enfrente del puerto, pero en un terreno duro y compacto que probablemente ayudó a que se conservara durante muchos siglos.

La descripción más completa del mausoleo corresponde a Plinio,[6] quien atribuye la autoría de los cuatro lados a cuatro escultores de entre los más grandes de la primera mitad del siglo IV: Escopas, que realizó la parte más noble, es decir, el lado este, donde estaba ubicada la entrada; Leocares, que realizó el lado occidental; Briaxis, autor del lado norte, y Timoteo, a quien se le encargó el lado sur.

Estos son los artistas que marcan el paso del clasicismo tardío al primer helenismo, artistas de valor extraordinario cuya habilidad y buen gusto solo podemos conocer gracias a fragmentos hallados en las excavaciones de Charles T. Newton en 1862 y que en la actualidad se conservan en el Museo Británico.[7] Entre ellos destaca la escena de una batalla, atribuida a Leocares,[8] que emociona por el movimiento turbulento de las figuras, los drapeados henchidos por el viento, las posturas de los personajes y su anatomía triunfante.

Si las hipótesis de Buschor[9] son ciertas, podría conjeturarse una interrupción de las obras tras la muerte de Artemisia a causa de los conflictos que sacudieron Caria y que condujeron al poder a Idrieo y a Ada, su hermana y esposa. Esta última, al quedarse sola tras la muerte de su marido, fue destronada y se retiró a Alinda, una fortaleza del interior, mientras la armada de Alejandro avanzaba y estrechaba el asedio a la ciudad, que resistió con gran determinación durante mucho tiempo. El matrimonio Romer imagina que desde allí Ada debía de contemplar cada mañana la cima del mausoleo, que dominaba el paisaje,[10] pero es probable que tuviera otras preocupaciones. Tras la conquista de Halicarnaso, Ada pidió a Alejandro que le dejara adoptarlo como hijo. Alejandro no solo aceptó (aunque rechazaba los dulces que su madre adoptiva le enviaba continuamente con un ejército de cocineros), sino que volvió a ponerla en el trono, convencido de que siempre sería su más fiel aliada.

Tras este episodio es probable que los escultores reanudaran el trabajo y esculpieran a la pareja formada por Mausolo y Artemisia que se exhibe en el Museo Británico. El Mausolo presuntamente atribuido a Briaxis[11] es una obra colosal en la que el artista se prodiga en habilidades para retratar un rostro mágicamente exótico, con la frente alta, la melena leonina, grandes ojeras, labios casi túmidos y una anatomía maciza y desproporcionada que se entrevé envuelta en el pesado y abundante drapeado.

Muy inferior se muestra la destreza del autor a quien se le atribuye Artemisia, de rostro mutilado, cuyo cuerpo achaparrado y desgarbado deja entrever que tampoco era muy agraciada.

Newton, su descubridor, no dudó en identificar ambas estatuas con los soberanos y en pensar que formaban parte de la cuadriga que coronaba el mausoleo. Otras teorías apuntan a que su localización fuera el interior de la cámara funeraria.[12] La identificación de las dos figuras es objeto de discusión desde hace tiempo, y no faltan teorías que sostienen que se trata de dos oferentes, teoría, por otra parte, poco verosímil. Por ahora, la identificación que propuso en su tiempo Newton, a pesar de ser la más probable,[13] no se ha probado de manera definitiva.

En cuanto a la hipótesis de Buschor acerca de la interrupción de las obras, hay que recordar las palabras de Plinio, es decir, que a la muerte de Artemisia los cuatro escultores siguieron trabajando con el convencimiento de que su obra habría de inmortalizar sus aptitudes y su talento.[14]

La arquitectura del monumento llevaba la firma de Pitis y Sátiro, que probablemente habían proyectado toda la ciudad dando vida a una especie de prototipo de ciudad helenística con un gusto extraordinario por las grandes escenografías.[15] Para el mausoleo crearon una estructura compuesta y ecléctica como la población de Halicarnaso y de toda la costa. El elemento griego estaba presente en la perístasis de treinta y seis columnas, que no surgía directamente de la crepidoma, sino que estaba suspendida sobre un pilón macizo de bloques de granito (Newton halló un par de ellos), seguramente recubiertos de mármol, que se apoyaban en un basamento de cinco escalones que también debían de ser marmóreos.

La columnata sostenía a su vez una pirámide de veinticuatro escalones en cuya cima había una plataforma sobre la que estaba colocada la cuadriga de Mausolo. Esta, esculpida por un quinto artista (asimismo, uno de los dos arquitectos, Pitis), se recortaba contra la acrópolis, dominaba la ciudad y podía verse desde lejos. La colocación del mausoleo sobre una explanada[16] de veinticinco mil metros cuadrados lo hacía todavía más imponente a los ojos de los visitantes y de los habitantes de la ciudad. A pesar de que Newton encontró algunos escalones, hoy conservados en el Museo Británico[17] (entre ellos, uno que hacía esquina), no conocemos la inclinación de los lados de la pirámide.

Resulta extraño el hecho de que Vitruvio conceda poquísima atención, un par de líneas a lo sumo, al mausoleo,[18] que no obstante cita entre las siete maravillas del mundo, mientras se extiende al describir el palacio del *rex*, cuyas partes principales son de ladrillo y mármol.[19]

Quien menciona los mármoles del mausoleo en su obra

Diálogos es Luciano de Samosata, en una escena en la que el filósofo cínico Diógenes discute con Mausolo de Caria y este último declara que su sepulcro lo adornan estatuas de espléndido mármol (*likou tou kallistou*).[20] Newton encontró los bloques en sus excavaciones e identificó otros en los muros del castillo de San Pedro erigido por los Caballeros de Rodas. Evidentemente, se trataba del revestimiento externo de la parte que estaba bajo el pórtico suspendido, de estilo jónico.

Las columnas, las esculturas y los frisos que decoraban la cella y los muros exteriores debían de ser de mármol. Se supone que los grandes leones de bulto redondo estaban colocados en los intercolumnios, pero hay quien sostiene que adornaban la cornisa,[21] situada entre la perístasis y la pirámide, mientras que los espacios entre las columnas los ocupaban las estatuas de los personajes más famosos entre la población.

En cualquier caso, Plinio afirma que fue la obra de los cuatro grandes escultores la que convirtió el mausoleo en una de las siete maravillas del mundo.[22] Los ciclos escultóricos consistían en una amazonomaquia, una centauromaquia y una carrera de carros. Se trataba de temáticas consolidadas que se repetían con gran frecuencia tanto en los grandes monumentos como en la cerámica y, probablemente, también en las pinturas sobre tabla, extraviadas en su totalidad. Los críticos y los historiadores del arte han discutido mucho acerca del significado de estos temas, identificando la centauromaquia con la lucha de los seres humanos por librarse de sus instintos más básicos y la amazonomaquia como el medio para expresar y exorcizar el temor instintivo que el hombre siente hacia la mujer.[23]

En la base del mausoleo, desplazada hacia el nordeste, se ubicaba la cámara funeraria excavada en la roca. En su interior se hallaba el féretro con el ajuar, presumiblemente de gran valor, que se perdió tras la destrucción y el saqueo del monumento.

La sección del mausoleo era rectangular y tenía la entrada en uno de los lados más cortos, el oriental, que decoró Escopas. Plinio dice que los cuatro artistas competían entre ellos (*aemuli*) y que en su época se discutía acerca de quién era el mejor.

Las dimensiones del monumento eran imponentes: del basamento al gran soportal elevado había veintidós metros de distancia. Sobre el plano se apoyaba la columnata de estilo jónico: once columnas a cada lado y nueve al frente de unos trece metros de altura. Esta columnata la remataba una pirámide de veinticuatro escalones de siete metros de altura. Sobre ella se asentaba el podio que sostenía la cuadriga, obra de Pitis, con la pareja de soberanos. De la base a la cima de la cuadriga, cuyas dimensiones eran el doble de lo normal, debía de haber unos cuarenta y nueve metros.

El texto de Plinio, esquemático y escueto, tiene pasajes de difícil comprensión. Por este motivo ha dado pie a diferentes interpretaciones que han planteado propuestas de reconstrucción ideal del monumento que difieren bastante entre sí.[24] Desde determinado punto de vista, las excavaciones de Newton de 1862 no han sido de gran ayuda para definir las medidas exactas del perímetro porque los métodos de excavación de aquella época consistían en recuperar restos y rellenar el terreno excavado con escombros.[25] El perímetro del mausoleo salió a la luz gracias a las excavaciones más recientes de Kristian Jeppesen.[26]

En cualquier caso, los resultados de las excavaciones que Newton llevó a cabo fueron extraordinarios, y en gran parte inesperados, dado que las fuentes renacentistas (De la Tourrette, Guichard, etcétera) contaban con toda suerte de detalles los estragos causados a uno de los monumentos más hermosos de la Antigüedad. Nos consta que el mausoleo llegó más o menos integro hasta el siglo XIII, quizá porque no era un templo pagano, o quizá porque, a diferencia de Alejandro Magno, Mausolo no simbolizaba ese mundo. Es de extrañar que no lo hubieran saqueado con anterioridad para robar los tesoros que seguramente contenía, destino tan común a la mayor parte de las antiguas sepulturas.

Los graves daños que el monumento sufrió en el siglo XIII se los causó un terremoto, pero a pesar de ello casi todos sus elementos se conservaban aún íntegramente. Con toda probabilidad se derrumbaron la pirámide con los leones colocados alrededor de la totalidad de su perímetro de base y las columnas de la perístasis. La destrucción absoluta de aquella maravilla tuvo lugar más tarde.

G. Waywell cita un testimonio de Claude Guichard que se remonta al 1582. Describe un hipogeo revestido de valiosos mármoles, dotado de columnata, decorado con ricas representaciones de batallas y una cámara con un sarcófago de alabastro a dos aguas. A altas horas de la noche los buscadores se detuvieron para descansar. Al día siguiente encontraron el sarcófago abierto y jirones de tela con hilo de oro esparcidos a su alrededor.[27] Culparon a unos vándalos que, al haberse enterado del hallazgo, habían irrumpido en plena noche para saquear la cámara sepulcral. En cuanto a los jirones de tela entretejida con hilos de oro, Waywell no pone en duda que se trata de la que envolvía los huesos y las cenizas de la pira de Mausolo, exactamente como la púrpura entretejida de oro en la que Manolis Andronikos halló envueltos en 1977 los huesos de Filippo II de Macedonia, dentro de una urna de oro con la estrella argéada en el sepulcro de Vergina, la antigua Egas.[28]

Aunque esta hipótesis podría ser viable, lo que suscita dudas al mismo Waywell es la colocación de una cámara tan rica encima de la cripta, dado que no se halló el más mínimo fragmento de semejante riqueza. Es más probable que el cronista cayera en la tentación de dar a sus lectores la visión emocionante de unos vándalos saqueadores realizando un trabajo tan esmerado que no dejaron nada de lo que Guichard había descrito. Sin embargo, entre los muchos actos de vandalismo, destaca por poseer un atisbo de sentido estético uno de los comandantes de la plaza de Bodrum, quien a principios del siglo XVI introdujo en el muro del castillo una docena de losas esculpidas con escenas de amazonomaquia y con relieves de la batalla entre centauros y lapitas, uno de los grandes temas de la escultura griega desde la época arcaica. Otras partes de las esculturas, como algunos leones procedentes de la cornisa superior del muro de contención del pórtico suspendido, se extrajeron de los muros y se trasladaron al Museo Británico, donde Newton las vio y se convenció de la necesidad de realizar excavaciones sistemáticas en el lugar.

Pero, a excepción de algunos casos aislados que demuestran algo de sensibilidad, el vandalismo y los estragos fueron la regla de los Caballeros de Rodas para borrar prácticamente de la faz de la Tierra el monumento de Mausolo y Artemisia, así como los prodigios de Escopas,

Leocares, Timoteo y Briaxis. Quemaron los mármoles y las esculturas para obtener cal y reutilizaron los bloques cortados para la construcción del castillo.

Newton fue previsor y compró los terrenos limítrofes al perímetro que había delimitado como sede del mausoleo, recuperando fragmentos y piezas de inestimable valor que, al caer desde lo alto durante el terremoto, aterrizaron fuera de la zona del mausoleo y permanecieron sepultados por los escombros y por los rellenados posteriores del conocido como «campo del Imán». Fueron hallados decenas de fragmentos escultóricos y estatuas. Descubrió y recuperó uno de los caballos de la cuadriga, la pareja monumental identificada como Mausolo y Artemisia, así como una columna jónica con su capitel.

Entre los descubrimientos más afortunados podemos citar el de un caballo y un caballero al galope, de los que solo quedaban los troncos, pero que dan testimonio de sus dimensiones gigantescas y de la gran habilidad expresiva del escultor. Este jinete mutilado debía de formar parte de un grupo que adornaba, junto con otros parecidos, la parte superior del monumento.

Newton también halló cuatro losas de la secuencia de una escena de amazonomaquia que se habían utilizado para tapar un desagüe del alcantarillado.[29] Una gran cantidad de elementos arquitectónicos y de escalones de la pirámide acabaron en los almacenes del Museo Británico, donde siguen siendo objeto de estudio, con la finalidad de volver a levantar virtualmente algún día el grandioso sepulcro. Para hacernos una idea de lo dispares que son las reconstrucciones propuestas, basta con comparar la de Kahrstedt y las de Newton y Pullan.

Con anterioridad funcionarios británicos solícitos y sensibles habían realizado otros hallazgos, algunos de ellos importantes, que habían puesto a salvo algunos restos en el Museo Británico, gracias a la facilidad con la que las autoridades turcas habían concedido los permisos. Quien hoy en día visita las excavaciones se encuentra con unos pocos restos arqueológicos y con un montón de pedacitos de mármol. Las actuaciones de Newton primero y de Jeppesen después han dejado tras de sí un campo de míseros fragmentos.

A pesar de que no cabe dudar del trabajo encomiable de ambos, es innegable que entre finales del siglo XVIII y principios del XIX empezó el saqueo sistemático de los yacimientos griegos tanto en la Grecia continental como en la insular, Asia Menor y Sicilia. La expoliación de los mármoles del Partenón a manos de lord Elgin fue motivo de escándalo incluso en Gran Bretaña, y lord Byron, ferviente filohelénico, condenó de manera tajante el inolvidable episodio.

La polémica entre la Grecia renacida en 1821 y una Gran Bretaña sin imperio, que recientemente ha corrido el peligro de perder Escocia e incluso su denominación de Reino Unido, se ha prolongado hasta nuestros días. Pero los británicos no fueron los únicos que perpetraron los saqueos: los franceses no se quedaron atrás, por no hablar de los alemanes, que desmontaron completamente el altar de Pérgamo y la puerta de Ishtar de Babilonia para llevarse ambos monumentos a Berlín.

En la actualidad el único monumento fúnebre sin profanar de toda Anatolia (de dimensiones parecidas al mausoleo, pero de características muy diferentes) es el de Antíoco I Epífanes de Comagene, en la cima del monte

Nemrut, a más de dos mil metros al altitud, que se remonta al siglo I a.C.

En todo caso, el mausoleo de Halicarnaso se convirtió en un modelo de referencia para muchos monumentos fúnebres en gran parte del Mediterráneo, influjo que se alargó durante toda la época ptolemaica en Egipto y hasta la época romana en otros países. Incluso ciertos monumentos funerarios de Jerusalén, en especial algunos pertenecientes a los príncipes asmoneos, se inspiraron libremente en el grandioso sepulcro de Halicarnaso. En la actualidad se denomina «mausoleo» a los sepulcros de Teodorico y Gala Placidia en Rávena, al de Lincoln en Washington y a la tumba de Lenin en la plaza Roja de Moscú, que, rematada por una pirámide escalonada, evoca la forma y el nombre del remoto arquetipo. Fue así como el término «mausoleo» pasó de ser un nombre propio, es decir, «monumento fúnebre de Mausolo», a uno común, asumiendo el significado aún vigente de «sepulcro monumental». Pero es un nombre sin cuerpo: del admirable original que sobrevivió casi milagrosamente hasta el umbral de la edad moderna no queda más que un fantasma.

El templo de Artemisa en Éfeso

El templo de Artemisa en Éfeso, enumerado entre las siete maravillas de la Antigüedad, es en realidad uno de los muchos santuarios erigidos a lo largo de los siglos en el sudoeste de la colina de Ayasoluk, en Asia Menor. Estaba ubicado cerca de la desembocadura del río Caístro, que alcanzaba el mar un poco más al norte tras fluir a través de los sinuosos meandros de la llanura aluvial que había creado a su paso.

El visitante que, atraído por la leyenda que acompaña a este grandioso santuario, merodea por esos parajes sufre la primera desilusión cuando se topa con la única columna que queda de lo que fue un bosque de ciento diez troncos de mármol (ciento veintisiete, según otras fuentes) y que, por si fuera poco, se ha reconstruido con unos cilindros muy dañados que aumentan la sensación de desolación.

Sabemos lo que en su día fue este gigantesco edificio y también que conoció dos fases principales: un templo muy rico en estilo arcaico mandado construir en el siglo VI a. C. por Creso, rey de Lidia, en honor de la diosa Artemisa; y otro, de estilo jónico, mandado construir por un tal Eróstrato tras el incendio del primero, con el solo objetivo de alcanzar la fama. El mismo motivo que indujo al individuo que asesinó en 1980 a John Lennon en Nueva York. A pesar de que se trata de un comportamiento en apariencia extraño para una época en la que incluso los lugares conocidos como Éfeso eran relativamente pequeños y todos sus habitantes se conocían, veinticinco siglos más tarde tenemos que admitir que Eróstrato logró su objetivo, visto que su nombre sigue mencionándose.

La construcción del templo de Artemisa formaba parte de la política que Creso practicaba con las colonias jónicas de la costa: buenas relaciones tanto políticas como comerciales a cambio de un tributo modesto y del reconocimiento de su autoridad.

La devoción de Creso por los grandes santuarios era de dominio público, y cuando mandó una delegación a Delfos para saber si la guerra con los persas auguraba buenos auspicios,[1] también envió valiosas ofrendas. Como solía suceder, a cambio obtuvo una respuesta enigmática: «Si atraviesas el Halis [actual Kizilirmak], se destruirá un gran imperio». El oráculo no especificó de qué imperio se trataba, pero para Creso descubrirlo debió de ser un trago amargo, visto que se trataba del suyo y no del de Ciro el Grande.

Según Heródoto, Ciro habría deseado evitar la muerte de Creso, mientras que la crónica de Nabonido, rey de Babilonia con el que Creso se había aliado, se limita a decir que Ciro conquistó Lidia y mató a su rey, pero la interpretación del texto cuneiforme es objeto de discusión.

Según cuenta la tradición, el templo arcaico se quemó en el 356 a. C. justo el día del nacimiento de Alejandro.[2]

La diosa no intervino para salvar su propio templo porque estaba ocupada asistiendo a Olimpia, madre de Alejandro, en el parto. Seguramente se trataba de una anécdota edificante para ennoblecer el nacimiento del gran conquistador, que en cualquier caso se ofreció a financiar su reconstrucción siguiendo la tradición local y el mecenazgo del rey de Lidia. Ese fue el templo que Antípatro de Sidón[3] y Filón de Bizancio introdujeron entre las siete maravillas del mundo.

A la diosa griega que se veneraba en ese santuario los griegos y los efesinos la llamaban Artemisa. Hija de Leto y Zeus y hermana melliza de Apolo, nació la primera y ayudó a su madre a traer al mundo a Apolo. De ahí la tradición de que la diosa, que era virgen, asistía a las parturientas, y la anécdota de que ayudó a Olimpia a alumbrar a Alejandro. La Artemisa griega también era diosa de los montes y cazaba animales en los bosques con un arco y flechas, de ahí su aspecto de señora de los animales. A menudo a Apolo se lo identificaba con Helios, el dios del Sol, y a Artemisa (Diana para los romanos) con Selene, la Luna. En efecto, el arco, atributo de la diosa, evocaba la luna creciente. Hay quien sostiene que ese es el origen de la media luna, que primero fue el símbolo de Bizancio y Constantinopla, y después, aceptada por Mahoma el Conquistador, acabó por campear sobre la bandera turca, que ya no era verde, sino roja.

En el siglo v, a Artemisa también se la identificó con Hécate-Perséfone, diosa del inframundo y esposa de Hades, dios de los muertos. En Roma y en Italia a menudo se la llamaba Hécate Trivia por esa triple imagen: Hécate, Diana, Selene-Luna. Todavía hoy en muchas localidades italianas pueden observarse edículos que contienen representaciones de la Virgen María en los cruces de tres caminos. Sin duda fue un modo que el cristianismo practicó para erradicar un culto pagano.

Probablemente la diosa de Éfeso era una divinidad femenina muy antigua que retrotraía al mito de las amazonas,[4] que fundaron su templo en tiempos remotos. Se la identificó con Artemisa más tarde, después de la colonización griega. La relación puede tener origen en el hecho de que el escudo de las amazonas tenía forma de media luna. Es interesante destacar que en la *Ilíada*, cuando los dioses toman partido por los troyanos o por los aqueos, Artemisa lucha a favor de los troyanos, mientras que en la *Etiópida*, un poema perdido del ciclo troyano, las amazonas llegan en auxilio de Príamo capitaneadas por Pentesilea.

La caracterización de Artemisa como señora de los animales tiene orígenes remotos. En la *Ilíada*[5] se llama a Artemisa *potnia* (*po-ti-ni-ja* en micénico) *theròn*, «señora de los animales (salvajes)», pero desde un punto de vista iconográfico la señora de los animales está presente tanto en pinturas micénicas como minoicas.[6] Hacia finales del siglo VI y principios del V a. C. esta imagen vuelve a aparecer en la cerámica.[7]

¿Qué tiene, pues, de especial el templo de Éfeso? Dos cosas, sobre todo: sus extraordinarias características arquitectónicas y artísticas y la compleja estratigrafía (sacada a la luz por las excavaciones de Wood en 1863-1874 y 1883,[8] y de Hogarth a principios del siglo XX)[9] que documenta una continuidad de culto que se remonta a antes de Creso.

La estratigrafía más profunda ha sacado a la luz exvotos de marfil, oro y otros materiales de gran valor que proporcionan información acerca de las fases más antiguas de la frecuentación religiosa del yacimiento, que se remonta al siglo VIII, prácticamente contemporánea a la aparición de los poemas homéricos, a la colonización griega de Occidente y a la introducción del alfabeto. Un período muy intenso desde el punto de vista económico, artístico y cultural que explicaría la fundación de un santuario importante en correspondencia con un puerto de igual relevancia.

El primer estrato cultual del yacimiento revela una estructura típica de la tradición micénica de ambiente cretense, con una plataforma sobre la que probablemente se apoyaba la imagen de culto y otra, más baja, que cerca un muro y que algunos estudiosos identifican con un altar.[10] Este hallazgo evidenciaría una influencia cultural de tipo micénico o submicénico de más de tres siglos, que se explica con una continuidad detectable sobre todo en áreas periféricas como Chipre o ciertas localidades de Eubea, de Italia meridional[11] y del Asia egea. Más tarde las dos plataformas se englobaron en una estructura única que quizá era una cella.

En una etapa posterior, en un período no fechado con exactitud, se construyó el templo propiamente dicho, del tipo *in antis*, es decir, las paredes largas de la cella se prolongaban creando una especie de antecámara de aquella o naos, el *pronaos*. Era más bien grande, treinta y un metros por dieciséis metros, y quizá poseía una perístasis. En este caso se trataría de un suceso importante porque confirmaría de forma definitiva su tipología de templo griego, quizá contemporáneo o un poco anterior al tercer santuario de Lefkandi, en Eubea. En este yacimiento se ha conservado una estratigrafía extraordinaria que testimonia la consolidación, a través de varias fases de evolución, de la planta templar clásica, donde las columnas se desplazan al exterior (en vez de permanecer en el interior, como en todos los templos del antiguo Oriente) y la parte central del techo se sostiene en los muros de la cella. Pero en ese caso hay una hilera de palos en el centro que sostenían un techo presumiblemente de paja.[12]

A este templo efesino le siguió otro aún más hermoso, de mármol, que Craso mandó construir con gran despliegue de medios, probablemente como muestra de su política favorable al fomento de las relaciones con las colonias griegas de Jonia. El edificio, que se supone data de mediados del siglo VI a. C., duró un par de siglos, hasta el 356 a. C., año del nacimiento de Alejandro Magno y que coincide con su destrucción a manos de Eróstrato.

Como ya hemos mencionado, la diosa Artemisa no lo impidió porque estaba ocupada asistiendo al parto de la reina Olimpia de Macedonia mientras daba a luz a Alejandro. Este, siendo a buen seguro el autor o aprobando en cualquier caso la difusión de tan edificante anécdota, se ofreció para patrocinar su reconstrucción. Cuando, después de vencer a los persas en el Gránico, llegó a Éfeso, recibió una amable negativa de las autoridades, que ya habían empezado las obras de reedificación. Nuestras fuentes,[13] que a su vez se basan en tradiciones mucho más antiguas, atribuyen la obra de Creso a varios arquitectos, entre los que se citan, quizá erróneamente, los que en realidad debieron de proyectar el templo de Artemisa reconstruido tras el incendio. En cualquier caso, la mayor parte de los estudiosos convienen en que el arquitecto y supervisor de la obra (*praefuit*)[14] fue Quersifrón de Cnosos, que para su construcción se inspiró en el Hereo de Samos, gigantesco santuario de Teodoro, que había escrito un tratado acerca de su edificación. Estrabón también atribuye a Quersifrón de Cnosos la realización del templo de Artemisa a instancia de Creso.[15]

En el Museo Británico se conservan fragmentos de este santuario, en concreto algunas tuercas de los pedestales de las columnas con bajorrelieves de procesiones ceremoniales de sacerdotes, sacerdotisas y sirvientes, así como una inscripción que menciona a Creso como el rey que ordenó construir el imponente edificio.[16]

De ciento quince metros de largo por cincuenta y cinco de ancho, su estructura era idéntica a la de los demás templos griegos. Se trataba de un díptero[17] en cuyo frente poseía una tercera hilera de columnas en número muy reducido (cuatro), comprendida entre dos tramos de muro (*ante*) de la cella, con tejado a dos aguas, dos tímpanos triangulares y cella o cámara interior que contenía la imagen del culto. Una tipología cuya evolución, como se ha mencionado, está perfectamente documentada en el sitio arqueológico de Lefkandi, en Eubea, donde, por una afortunada casualidad, pueden determinarse en sucesión estratigráfica todas las fases evolutivas del templo griego. El estrato más antiguo ha permitido identificar un *heroon* con pilares de sostén (las futuras columnas) interiores y un ábside para la sepultura, quizá de un héroe. En el siguiente estrato el ábside desaparece y los pilares/columnas se desplazan hacia fuera, dejando el interior libre y vacío; por último, aparece la perístasis o pórtico columnado exterior, característica fundamental del templo griego durante siglos que confiere al edificio la agraciada esbeltez y la rigurosa armonía que convierten la arquitectura griega en una de las más fascinantes de todos los tiempos.

Una vez consolidado, el templo griego se convirtió en una estructura prácticamente inmutable, regida por proporciones rigidísimas y con acabados que se basan en correcciones ópticas sofisticadas en extremo: el crepidoma, la perístasis o pórtico columnado exterior, la cella con la estatua del culto, el entablamento con metopas y triglifos, los dos tímpanos, el tejado a dos aguas, las acróteras que rematan los tres vértices del frontón y el altar externo para los sacrificios. Todo ello realizado en los órdenes dórico, jónico y corintio.

El templo de Artemisa lo describió de manera más bien detallada Plinio,[18] sin reservas, con *vera admiratio*, aunque no acaba de entenderse si se refiere al que Creso mandó construir y proyectó Quersifrón o al que se reconstruyó tras el incendio del 356 a. C. Plinio menciona que se necesitaron ciento veinte años para edificarlo y la intervención de toda Asia; además, describe con abundancia de detalles cómo se hicieron los cimientos (se eligió para su ubicación una zona que ahora llamaríamos aluvial, creada gracias a los sedimentos del río Caístro, que fluía un poco más hacia el norte) para evitar que los terremotos, siempre muy frecuentes en el área del Egeo, lo destruyeran. En efecto, basándose en fuentes mucho más antiguas, Plinio narra que para realizar los cimientos el arquitecto mandó excavar un foso enorme en cuyo fondo hizo extender un estrato de carbón troceado y de pelo de oveja, seguramente lana.

En caso de temblores de tierra, ese estrato permitiría que el enorme edificio se deslizara sobre un fondo que no oponía resistencia y neutralizaba las sacudidas sísmicas. Según Diógenes Laercio,[19] esta solución se la había aconsejado Teodoro, el audaz arquitecto del Hereo de Samos.

Tanto en las páginas de Vitruvio[20] como en las de muchos otros arquitectos hasta la edad moderna, se considera el primer ejemplo de arquitectura antisísmica. El espacio que quedaba libre entre los bloques de los cimientos iba a rellenarse con fragmentos de piedra y mármol sobrantes de la obra. Si bien Heródoto había afirmado que el Hereo de Samos era el templo más grande que existía,[21] las dimensiones del templo de Artemisa (ciento quince metros por cincuenta y cinco metros) eran un poco superiores a las de aquel (ciento cinco metros por cincuenta y dos metros y veinte centímetros). Hay una teoría[22] que afirma que el *Artemision* quizá no fuera un templo, sino un pórtico columnado erigido alrededor de la estatua de la diosa. Algo así como el santuario de Segesta, de cuya naturaleza (templo griego inacabado o pórtico columnado que circunscribe un recinto o *temenos*) se sigue discutiendo.

En el mismo pasaje, Plinio menciona también a Escopas, un artista que nació a principios del siglo IV y que, por lo tanto, no podía haber trabajado en el templo que Creso mandó erigir, sino en el que se reconstruyó tras el incendio del 356 a.C. En cualquier caso, el nuevo templo acabó siendo prácticamente igual al precedente. Las diferencias más evidentes fueron el estilo de las esculturas de altorrelieve sobre las bases de las columnas y el de las de bulto redondo, que representaban a las amazonas, en el interior; en el templo del siglo VI eran obviamente de tipo arcaico, mientras que en el nuevo eran jónicas y de estilo clásico tardío. Además, en el nuevo, un crepidoma de diez escalones elevaba el templo a una altura de casi tres metros sobre el nivel del suelo.

Es posible que se quisiera aprovechar la reconstrucción para corregir eventuales señales de hundimiento, pero también que se pretendiera dar al grandioso santuario una mayor visibilidad desde el mar. Donde se encuentra la llanura aluvial del Caístro en aquel tiempo fluía un profundo meandro que alcanzaba la falda de la colina sobre la que surgía la ciudad de Éfeso.

Como ya hemos mencionado, el orden arquitectónico era el jónico, muy estilizado y elegante, con el típico capitel de volutas laterales que derivan a su vez de un capitel eólico con motivos orientalizantes de inspiración vegetal.[23] El estilo jónico tenía un aspecto airoso porque la columna era mucho más alta y esbelta que la dórica, a lo que hay que añadir que estaba dotada de basa con moldura de tipo cimacio y collarino, lo cual la estilizaba, si cabe, aún más. La excepcionalidad no solo consistía en la altura vertiginosa de las columnas (entre dieciocho y veinte metros), sino también en el hecho de que eran ocho en el pronaos y nueve en el opistódomo, pues en el pronaos se quiso crear una especie de pasillo columnado hacia la salida que era la continuación del que se alineaba en doble fila a los lados de la cella. Además, las basas de las columnas descansaban sobre un tambor, algo más bien insólito, y estaban esculpidas con altorrelieves.

En el Museo Británico[24] puede observarse un ejemplo, dañado pero mejor conservado que los demás, y legible, fechado desde el punto de vista estilístico en el siglo IV a. C. Representa a Hermes, quizá en su versión de psicopompo, es decir, de acompañante de las almas de los difuntos hacia la ultratumba, entre dos figuras femeninas envueltas en ricos drapeados. También puede apreciarse a un joven desnudo alado, con la espada enfundada en un bálteo que le atraviesa el tórax del hombro izquierdo a la cadera derecha.

Tanto la gran calidad como las características estilísticas y plásticas de estas figuras en altorrelieve inducen a pensar en la autoría de Escopas, el gran maestro de Paros que se formó en Atenas y que, antes de cumplir cuarenta años, fue llamado a decorar con sus esculturas otra de las siete maravillas: el mausoleo de Halicarnaso. En especial, el rostro del genio alado con la cabellera voluminosa y ondulada separada por una raya en el centro, las profundas ojeras y la boca carnosa semiabierta, evoca al de Poto, del que ha llegado a nuestros días una copia romana que se halla expuesta en los Museos Capitolinos, actualmente en exhibición en la Central Montemartini. Pero con los conocimientos que tenemos a nuestra disposición es imposible dar un juicio definitivo. Las figuras son de tamaño natural y en el original eran de colores.

En realidad, el color siempre ha estado presente en la estructuras antiguas, y los ejemplos que han llegado intactos, o casi, hasta nuestros días (los sarcófagos con escenas de caza del Museo Arqueológico de Çanakkale, en Turquía, y algunos detalles policromados que se conservan en el sarcófago de Alejandro en el Museo Arqueológico Nacional de Estambul) no solo resultan agradables a la vista, sino que revisten un encanto añadido.

Ya en las excavaciones de Khorsabad se hallaron paneles de piedra esculpida decorados con colores, y es probable que los ciclos escultóricos de los palacios persas también fueran policromos. Por no hablar de las decoraciones de los monumentos egipcios. La policromía, pues, ya dominaba el arte y la arquitectura minoica y micénica, era una técnica extendida en todo el mundo antiguo; Jonia y Grecia no podían ser una excepción.

Además de los altorrelieves de las bases de las columnas

del templo de Artemisa que, como ya hemos visto, eran de gran calidad, en su interior también había numerosas esculturas de amazonas, protagonistas de muchos ciclos pictóricos, escultóricos y épicos. En Éfeso revestía especial importancia el ciclo que las representaba como fundadoras del santuario.

La antigüedad del lugar de culto la confirman las excavaciones de los ya mencionados Wood y Hogarth[25] y de otros arqueólogos que han sacado a la luz la compleja estratigrafía que acabamos de detallar.

En su conjunto, el templo o santuario, como queramos llamarlo, era un edificio de gran impacto, el primero y más imponente que aparecía ante los visitantes que llegaban por mar, el más grande del mundo, superior al templo «G» de Selinunte, que habría podido contener cuatro veces el Partenón. La elevación de casi tres metros que se realizó en la segunda construcción enfatizaba su majestuosa imponencia, acentuaba el brillo de los colores, los destellos de los trípodes y de los candelabros, destacaba las acróteras y el juego de luces que los reflejos del movimiento de las olas provocaban. A medida que el visitante se acercaba, primero al altar y después a la inmensa escalinata, el bosque de piedra de las columnas creaba a su paso un efecto de movimiento que mutaba la perspectiva a cada paso. La luz también variaba continuamente gracias al sol y a los reflejos de la superficie del mar.

El altar antepuesto a la fachada del templo era enorme y comprendía los recintos para las decenas de toros que se sacrificaban casi a diario en honor de la diosa.[26] Alrededor del santuario merodeaba una miríada de personajes variopintos: hombres, mujeres, niños, mercaderes, peregrinos, vendedores ambulantes, romanceros, mendigos, artesanos, adivinadores y malabaristas procedentes de toda Grecia, Asia y Egipto. El santuario era un lugar de encuentro, de intercambio y de espectáculo donde se manifestaba una religiosidad clamorosa, sonora y deslumbrante como el sol del Mediterráneo.

En los Hechos de los Apóstoles[27] se narra un episodio que resulta ilustrativo para entender hasta qué punto coincidían la devoción y el interés económico alrededor de un gran templo como el de Artemisa en Éfeso, del mismo modo que sucedía en la explanada del templo de Yahvé en Jerusalén, en los del oráculo de Delfos y Dodona en Grecia, o en el de Siwa en Egipto. La ciudad, el clero o ambos invertían en la realización de obras de arte y en arquitectura religiosa porque, tal como sigue sucediendo hoy en día, eran un poderoso motor económico para el desarrollo de la ciudad y del territorio.

Las prédicas de Pablo y de sus discípulos habían suscitado preocupación porque desacreditaban el prestigio de la poderosa Artemisa de Éfeso, la diosa del bosque de columnas. «Ninguna imagen que el hombre haya plasmado puede ser un dios, sino un ídolo inerte y falso», tronaba ante los participantes el apóstol de los gentiles en la asamblea celebrada en el teatro. El animador de aquella reunión era el jefe de los plateros, que hacían reproducciones en plata del templo para venderlas como *souvenirs* a los peregrinos y a los visitantes. ¿Qué sería de su comercio si la gente se dejaba convencer de que Artemisa ya no tenía ningún poder?

Acabada la reunión, los participantes se repartieron por la ciudad al grito de «¡Grande es la Artemisa de Éfeso!», algo así como un «*Allah akbar!*» en versión jónica, casi un eslogan para tranquilizar a los habitantes de la ciudad y a los peregrinos sobre el poder de la diosa, que, además, era la fuente de sus ganancias.

Por lo que parece, había una abertura en la fachada de la cella desde donde podía verse el rostro de Artemisa, y seguramente entre los *souvenirs* que se vendían alrededor del santuario también había réplicas del ídolo de la diosa, en verdad muy extraño.

Las réplicas de la estatua debieron de ser muy numerosas, pues han llegado hasta nuestros días cierto número de ellas; es famosa la de los Museos Vaticanos y la del Museo Arqueológico de Estambul.[28] Todas ellas representan a Artemisa con el típico gorro oriental con forma de cilindro llamado *polos*, que siguen llevando los prelados de la Iglesia ortodoxa griega. Llevan un peplo y un himatión, que asoma en la parte inferior por debajo de una especie de delantal ricamente bordado con motivos ornamentales en relieve, y tienen los brazos abiertos hacia abajo, con las palmas de las manos extendidas en actitud de recibimiento.

Todo el cuerpo de Artemisa está ceñido con vendas, lo que le confiere el aspecto de una momia, y en el pecho le sobresalen, dotándolo de una apariencia absolutamente grotesca para nuestro gusto, una especie de racimo de mamas, como se interpretaron en el pasado. Más abajo se aprecian cinco tiras horizontales de las que destacan prótomos taurinos: tres en las primeras y dos en las últimas.

En realidad no se trata de mamas, sino de los escrotos de los toros que se ofrecían en sacrificio a la diosa. Hay quien lo interpreta como una reafirmación de su dominio sobre el macho y de su naturaleza de virgen inexpugnable. Queda sin explicar por qué se la representó con esa repugnante apariencia que deforma su perfil. Es innegable que el ídolo denota una clara influencia estética oriental o egipcia, como se deduce de su aspecto de momia.

La contraprueba consiste en que todas las imágenes de Artemisa del mundo antiguo que han llegado a nuestros días no tienen mucho que ver con esta. En la época clásica la virgen melliza de Apolo siempre se muestra como una joven descalza, muy hermosa, vestida con un corto quitón abierto en el pecho. Lleva en bandolera una correa de la que cuelga un carcaj rebosante de flechas y en la mano derecha sujeta un arco de caza. Pero en el período arcaico y en la pintura vascular su imagen también responde a los cánones figurativos de gracia y armonía. Es evidente que el *xoanon* de ébano debía de ser un ídolo muy antiguo de origen asiático que a partir de cierto momento sin determinar se identificó con Artemisa.

Como hemos visto en el pasaje antes mencionado de los Hechos de los Apóstoles, el templo de Artemisa de Éfeso estaba todavía en auge en el siglo I d. C. y era la meta de un abundante flujo de peregrinos que gastaban dinero en recuerdos y en ofrendas, lo que convertía al floreciente artesanado local en un ferviente e interesado defensor de la diosa.

Su destino sufrió un primer y duro golpe en el 262 d. C., cuando los ostrogodos, originarios de Crimea (Quersoneso Póntico), cruzaron los estrechos y descendieron las costas de Asia Menor, mientras saqueaban todo a su paso. Esa fue la suerte que siguieron Éfeso y su templo de Artemisa, que había sobrevivido prácticamente indemne durante más de seiscientos años.

El templo sufrió saqueos y resultó gravemente dañado,[29] y lo que quedó de él se abandonó a su destino. A principios del siglo IV el emperador Constantino cambió el rumbo de las cosas cuando decidió apoyar al cristianismo y ocuparse personalmente de cuestiones doctrinales. En efecto, en el Concilio de Nicea se empeñó a fondo para que se pusiera a punto la profesión de la fe que los fieles siguen recitando en la actualidad durante la misa. Tras el efímero paréntesis de Juliano (361-363 d. C.), la situación de los símbolos paganos empeoró con las leyes de Teodosio I y Teodosio II, quienes convirtieron el cristianismo en la religión oficial y establecieron la pena de muerte para todo aquel que ofreciese sacrificios a las deidades paganas. Si bien en un primer momento Teodosio consintió a quienes veneraban a sus ídolos que se reunieran en sus templos a condición de que no celebraran sacrificios, para garantizar la integridad de sus tesoros artísticos, tuvo que ceder más tarde a las presiones del clero cristiano, que dictó disposiciones que permitieron a hordas de fanáticos demoler, quemar y destruir los principales santuarios de Alejandría a Antioquia y de Olimpia a Delfos y a Dídima, hasta llegar a Éfeso.

También el primer Concilio de Éfeso, que sancionó la naturaleza de la Virgen María como *Theotokos*, confirió gran valor y carisma a su figura como madre de Dios y, en consecuencia, como madre de toda la humanidad. Los fieles, que estaban acostumbrados a venerar a divinidades femeninas, a dirigirse a ellas para pedirles ayuda y protección, pusieron los ojos en María. De este modo, la madre de Jesús eclipsó y borró a Artemisa, a Cibeles, a Hera, a Isis, a Afrodita, a Vesta y a las otras mil versiones de la Gran Madre, de la protectora del parto, de la guardiana del fuego doméstico y cualquier otra atribución de la mujer que da vida, amor, alimento y alegría de vivir.

Con la desaparición del poder de Artemisa, su templo

también fue definitivamente destruido, pues los cristianos no distinguían entre obra de arte y obra seductora del demonio. El grandioso santuario se desmanteló lentamente, los mármoles que habían esculpido los sublimes maestros se mutilaron o partieron para convertirlos en cal, o se cortaron para reutilizarlos como material de construcción, y las estatuas quedaron rotas en mil pedazos. Al final del gran bosque de columnas, del podio imponente, de las gloriosas amazonas de pechos turgentes, de la majestuosa escalinata, de los tímpanos y las acróteras no sobrevivió nada.

El faro de Alejandría

L a *Tabula Peutingeriana*, el monumento cartográfico más grande que nos ha legado la Antigüedad, es, de hecho, un itinerario en colores de la red de carreteras (*cursus publicus*) del Imperio romano que representa todo el mundo conocido en el siglo IV d. C.[1] Se trata de un mapa con características extraordinarias que contiene todas las distancias entre una etapa y otra expresadas en millas romanas e ilustrada con viñetas que reproducen las ciudades, los edificios y los asentamientos más importantes, los relieves (aunque de manera muy esquemática), los lagos, los ríos y el mar con sus puertos principales. En estos establecimientos portuarios se aprecian muelles, refugios para los barcos (*navalia*) y torres de señalización. En todo el arco mediterráneo (si bien no incluye los sectores occidentales de Iberia y Britania) se identifican de manera inconfundible tres faros.

Uno está ubicado en Ostia, en el *portus Augusti*,[2] otro en Crisópolis, una ciudad de la costa asiática del Bósforo, y un tercero en Alejandría, aunque, curiosamente, no se nombra la ciudad. En cualquier caso, se lo reconoce con sus dos puertos en las cercanías del último brazo occidental del delta del Nilo y el faro situado en medio, en la isla homónima. De hecho, los tres faros están colocados en los puertos de las mayores ciudades del Mediterráneo antiguo: Roma, Constantinopla y Alejandría.

En realidad, el de Alejandría fue el primero en construirse y, visto que en la *Tabula* está indicado mediante una hoguera encendida sobre la cima de una torre, es lógico pensar que aún estaba en funcionamiento cuando se realizó el mapa, es decir, casi seiscientos años después de su construcción.[3] Sabemos que había otro faro en Rávena, cuyo puerto había designado Augusto como sede de la flota imperial que controlaba el Adriático, como también sabemos por varias representaciones en bajorrelieve que se habían construido muchos más.

La *Tabula Peutingeriana* no solo indica el faro sino que lo ubica en el lugar exacto, es decir, en la pequeña isla de forma alargada que se extiende paralelamente a la costa cerrando la bahía de Alejandría y situada entre dos promontorios, de este a oeste. Un detalle interesante es que la *Tabula Peutingeriana,* más bien meticulosa con la iconografía, representa los faros coronados por un disco rojo y no por llamas, como sucede en otros casos, lo que induce a pensar en una especie de reflector.

El promontorio oriental recibía el nombre de Lochias, y allí estaba el conjunto del palacio real que se ampliaba cada vez que un soberano sucedía a otro en la dinastía. Entre los sucesores de Alejandro, Ptolomeo I fue el más inteligente. Había sido su amigo íntimo y comandante de su guardia personal, y se mantuvo fiel a él mientras vivió. Pero cuando Alejandro murió, aceptó de mal talante el pacto que Pérdicas le propuso: esperar a que su viuda, la princesa Roxana de Bactriana, diera a luz. Y si nacía un varón, mantener la integridad y la unidad del Imperio hasta que este alcanzara la edad de reinar. Pero Ptolomeo no creía que pudiera mantenerse unido un imperio que se extendía del Danubio al Indo, y en cuanto le fue posible se proclamó rey de la satrapía que Pérdicas le había confiado, Egipto, y permitió que los demás sátrapas hicieran lo mismo.

Alejandro había fundado en su territorio la primera de las más de setenta ciudades que llevaban su nombre, Alejandría, sobre una lengua de tierra que separaba la bahía marina, situada al norte, del lago salobre, ubicado al sur, llamado Mariout. Medio siglo más tarde Alejandría se convirtió en la ciudad más grande, próspera, racional y monumental de todo el Mediterráneo. Fue, además, un increíble y extraordinario laboratorio para todo tipo de innovación: urbanística, tecnológica, científica y artística. La dinastía ptolemaica, sobre todo el primer y el segundo soberano, llamado Filadelfo porque se había enamorado de su hermana Arsínoe y se había casado con ella, configuraron el trazado urbanístico hipodámico que creó Dinócrates, el excéntrico arquitecto de Alejandro, colocando a su alrededor una serie de estructuras asombrosas por su función, su aspecto y sus dimensiones. Construyeron, además, el primer centro conocido dedicado a la investigación pura, en el que las mentes más brillantes tenían a su disposición la biblioteca más extensa del mundo (superaba los seiscientos mil volúmenes) y recibían una pensión, una beca, alojamiento y medios suficientes para llevar a cabo sus proyectos. Para dirigirla contaban con los intelectuales más destacados de la época, entre los que se hallaba Eratóstenes, que midió la circunferencia terrestre; Calímaco, que revolucionó los cánones de la literatura, y

Apolonio de Rodas, su discípulo y más tarde antagonista, autor del poema épico *Argonáuticas*.

Allí estudió Aristarco de Samos, el astrónomo que construyó un modelo heliocéntrico del sistema solar dieciocho siglos antes que Galileo y Copérnico, y probablemente también Arquímedes, el científico más famoso de la Antigüedad. Cuando no se hallaban en Alejandría, los científicos y los estudiosos intercambiaban información epistolar, consultándose y sometiendo sus teorías al juicio de los demás.[4] La interacción entre estos estudiosos de alto nivel y las estructuras que los ptolomeos crearon produjeron unos resultados que repercutieron en todo el Mediterráneo y más allá de sus confines.

Aunque vivió mucho más tarde, en el siglo I a. C., hay que recordar a Herón de Alejandría, quien construyó la primera turbina de vapor conocida (podía abrir automáticamente las puertas de un templo) y artilugios de todo tipo. Algunos de ellos no pasaban de ser simples juguetes, como la paloma voladora, pero otros constituyen valiosos instrumentos tanto desde el punto de vista topográfico (por ejemplo, el chorobate)[5] como de la realización de obras (polipasto, polea y grúa).[6]

El origen de toda esta labor partió de Alejandro, cuyas exigencias de instrumentos bélicos para sus expediciones estimulaban continuamente la inventiva y las capacidades de sus ingenieros, hasta el punto de que Robin Lane Fox afirma que Tiro se conquistó sobre una mesa de dibujo en mayor medida de lo que podamos imaginar.[7] Pero lo que realmente cuenta es que Alejandro unificó, o intentó hacerlo, bajo un único organismo político a todas las antiguas civilizaciones entre el Mediterráneo y el subcontinente indio, poniendo en marcha un proceso que ya no se detendría. En Alejandría y en los otros grandes centros del helenismo (Antioquía, Rodas, Éfeso, Apamea y Pérgamo) llegó a realizarse su sueño de un mundo globalizado en el que las herencias culturales y el saber se mezclaban como en un crisol, dando vida a una civilización nueva y original que el mundo no había conocido jamás. De ahí que a Alejandro se le otorgara el apelativo de «Magno», no porque hubiera conquistado un gran imperio o hubiera llevado a cabo grandes hazañas, sino por la grandiosidad de su pensamiento. Alejandría fue una ciudad experimental donde todo era posible, desde los «efectos especiales» de las escenografías tridimensionales en los más de trescientos teatros con los que contaba, hasta la astrofísica o los teoremas matemáticos más vanguardistas.

En Alejandría el mar se urbanizó al mismo tiempo que la tierra firme. La isla que remataba el norte de la bahía se puso en comunicación con la tierra, con la ciudad de Dinócrates, mediante un muelle de siete estadios de longitud (de ahí el nombre: *eptastadion*), es decir, unos mil cuatrocientos metros. El muelle dividió en dos la bahía, y cada parte se convirtió en un puerto ubicado a la derecha y a la izquierda del *eptastadion*; uno tenía la entrada orientada al oeste (*eunostos*) y el otro hacia el este, delimitado al oeste por la isla y al este por el promontorio de Lochias, donde, como nos cuenta Estrabón, surgía el área de las residencias reales que ocupaban un cuarto, o incluso un tercio, de la ciudad.[8]

Fue entonces cuando Sóstrato de Cnido, por voluntad de Ptolomeo I Sóter, construyó el edificio más alto de la ciudad y el segundo más alto del mundo conocido después de la gran pirámide de Guiza. Era una torre de señalización para los barcos que navegaban en las cercanías, de ciento treinta y cuatro metros de altura según algunas versiones, o de noventa y cinco según otras,[9] llamada «el Faro» por el nombre de la isla sobre la que se erguía. Cuenta Flavio Josefo[10] que el faro, cuya luz nocturna alcanzaba un radio de trescientos estadios, es decir, poco menos de cincuenta kilómetros, no tenía la función de guiar a los barcos, sino de mantenerlos a una distancia de seguridad respecto a las turbulencias de las olas que rompían contra las rocas y los muelles, para indicarles que entraran en puerto con la luz diurna. La distancia que cubría el rayo de luz coincide con el horizonte de la curvatura terrestre.[11]

Sabemos que el soberano reinante autorizó a Sóstrato de Cnido a firmar su obra, lo que ha permitido que su nombre haya llegado hasta nuestros días. Se trata de una decisión poco común, porque el cliente solía adjudicarse el mérito de la obra en su conjunto. Por ese motivo hay quien sostiene que, en realidad, Sóstrato ideó y financió la construcción del faro, además de proyectarlo.[12]

La isla de Faro era conocida desde los tiempos de Homero[13] por quienes frecuentaban esas costas cuando la *Telemaquia* se escribió. La isla se menciona durante el viaje emprendido por Telémaco en busca de noticias de su padre desaparecido. En efecto, Menelao desembarcó en ella de vuelta de Troya, empujado por el viento del norte. En la isla de Faro vivía Proteo, un viejo capaz de adivinar el futuro. Tenía por costumbre abandonar el mar hacia mediodía y resguardarse a la sombra cerca de las rocas con su rebaño de focas. Había que sorprenderlo en ese lugar, pues el viejo era caprichoso y había que inmovilizarlo para que pronunciara sus vaticinios. A fin de que no lo capturasen asumía muchas formas, incluso se transformaba en agua o en fuego. Lo importante era no asustarse y no soltar la presa, pues al final retomaba su tranquilizador aspecto de anciano y emitía su vaticinio. Esta cita tan prestigiosa se debe probablemente a la presencia de la bahía, refugio de los barcos que navegaban en las costas de Egipto hacia Occidente (las grandes cuencas mineras de Bética) o que eran empujados a esas aguas por los vientos que fustigaban el cabo Malea.

Según las reconstrucciones comúnmente aceptadas, el faro se componía de tres partes: una cuadrangular, de unos sesenta metros de altura, una octogonal y una tercera cilíndrica que, al parecer, tenía un mecanismo giratorio como los actuales. En la plaza de las Corporaciones de Ostia el faro está representado dos veces. La primera como un edificio de tres plantas que tiene la última de forma cilíndrica. Quizá se trata de una copia del de Alejandría, aunque de dimensiones más contenidas y con una hoguera estilizada en la punta. El otro tiene cuatro pisos y lo corona una estatua.

Encontramos una reproducción parecida en un sarcófago paleocristiano del siglo III d. C.[14] En este caso el faro tiene cuatro plantas poligonales, por lo que podría no ser el de Ostia. De su punta salen unos rayos, pero no está muy claro si se trata de las llamas estilizadas de una hoguera o de haces luminosos.

También es interesante un mosaico del siglo XII que se encuentra en la basílica de San Marcos, en Venecia, y que representa una escena de la vida del evangelista, considerado el fundador de la Iglesia alejandrina. Muestra un barco que entra en el puerto, y uno de los miembros de la tripulación está desarbolando mientras otro lo ayuda sujetando la verga con un obenque. El santo, identificable por su aureola, está sentado en la popa en ademán de bendecir. Parece más una representación fruto de la fantasía que el reflejo del aspecto que efectivamente debía de tener en la edad media.

El faro era tan importante en Alejandría que la principal divinidad de Egipto, Isis, tenía el atributo de *Pharia*, es decir, su protectora. Además, existe una moneda del siglo II que la representa delante de la torre. La estructura de la construcción no está muy definida, pero se distinguen los tres pisos coronados por una estatua, quizá de Zeus o de Poseidón.[15]

Como es sabido, la gran torre sobrevivió hasta el siglo XIII, cuando un terremoto la hizo caer, pero seguramente había resistido a muchos otros hasta entonces. Sin duda superó un maremoto, un auténtico tsunami que en el 365 d. C. se abatió sobre el puerto arrojando unos barcos sobre los tejados de las casas y otros a bastantes millas hacia el interior. La descripción de Amiano Marcelino es impresionante: primero se retiró el agua del puerto, de manera que mucha gente acudió a observar el fenómeno, después llegó una ola gigantesca de reflujo y sucedió la catástrofe.[16] Hay quien sostiene que la tumba de Alejandro pudo haber sufrido graves daños entonces, pero lo que sabemos con certeza es que el faro resistió y siguió cumpliendo su cometido durante siglos.

Pero ¿cómo funcionaba? ¿Es cierto, como sostienen algunos, que contaba con una hoguera en su cima?[17] Y si así fuera, ¿habría bastado para proyectar un rayo luminoso a cuarenta y ocho kilómetros de distancia en la oscuridad? ¿El fuego se habría visto a semejante distancia por el solo hecho de arder a unos noventa y cinco metros de altura?

A este propósito puede resultar interesante considerar lo que sucedía en el faro más antiguo de Europa, construido en Génova en 1128 y todavía quinto del mundo en altura: si se cuenta el promontorio sobre el que se yergue, la Linterna (como se conoce popularmente al faro de Génova) alcanza los ciento diecisiete metros. En sus primeros tiempos la hoguera en lo alto de la Linterna se alimentaba con haces de calluna seca, una planta muy parecida al brezo, seguramente rica en celulosa, para producir un fuego blanco y muy luminoso. Las naves que entraban en el puerto estaban obligadas, en cualquier caso, a pagar una contribución que se destinaba a la compra del combustible y a la mano de obra. Más tarde se introdujeron notables mejorías, hasta la adopción de las modernas ópticas que giran sobre una plataforma circular. Los encargados del faro tenían que limpiar continuamente los cristales y cambiarlos cuando los rayos los dañaban o si las torsiones y las oscilaciones debidas a la fuerza de las tormentas los resquebrajaban o los hacían pedazos. El alcance del rayo de luz en esas condiciones era de veinte kilómetros.

Establecidas estas premisas, ¿podemos seguir fiándonos de la información de Flavio Josefo?

Estudios recientes han planteado una audaz hipótesis al afirmar que la verdadera maravilla no era la torre en sí, a pesar de haber desafiado temporales, maremotos y terremotos, sino el mecanismo de su interior.[18]

En realidad, como sucede a menudo, nuestras fuentes no nos suministran datos técnicos, sino que se limitan a recordar las principales características del monumento, que, en este caso, es una gran torre de señalización que se convirtió en el modelo de muchos otros faros y que en la actualidad sigue siendo el arquetipo de este tipo de construcción. Es probable que no siempre se trate de una distracción o de diferencia de intereses, sino que el motivo sea, simplemente, que prefería mantenerse en secreto los adelantos tecnológicos. Por ejemplo, en Rodas, una de las grandes potencias navales de la época helenística, se castigaba con la pena de muerte a quien se sorprendía espiando en los astilleros donde se construían los barcos de guerra de última generación.[19] Tampoco se revelaron nunca los secretos de la helépolis, la poderosa máquina obsidional de Demetrio Poliorcetes. Los cartagineses poseían un sistema de construcción parecido al de nuestras líneas de ensamblaje que les permitía poner a punto grandes flotas en plazos relativamente breves, dato que se ha descubierto gracias a las señales alfabéticas con que marcaron la tablazón del barco de Marsala.[20] El mismo secretismo protegía las rutas atlánticas del oro y del estaño, así como las transoceánicas conjeturadas en tiempos recientes.[21] En su amplio estudio acerca de los logros científicos y tecnológicos de la investigación helenística, Russo pone de relieve que, justo en el período en que se estaba construyendo el faro, en Alejandría y quizá también en otros centros de investigación se desarrollaba la catóptrica, es decir, la ciencia de la refracción de la luz, y se ponía a punto la teoría de las cónicas, que más tarde permitiría la realización de espejos parabólicos, y por lo tanto de proyectores. Uno de los grandes mitos tecnológicos de la época fueron los célebres espejos ustorios, con los que Arquímedes presuntamente incendió los barcos de Marcelo en el puerto de Siracusa, bajo asedio, en el 212 a. C.

En la actualidad, exceptuando a algún acérrimo partidario, nadie cree que el gran científico de Siracusa hubiese podido desarrollar un arma semejante, y, sobre todo, los espejos de enormes dimensiones que se necesitaban para recoger y concentrar en la parábola la energía del sol precisa. La caldera solar del profesor Carlo Rubbia en Sicilia así como muchas otras potentes que hay en España basan su funcionamiento en este sistema. Pero lo que aquí nos importa es que en la época helenística se hablara ya de espejos parabólicos. Russo recuerda que Arquímedes escribió un tratado de catóptrica y que se carteaba con Dositeo, un científico del *Museion* (o Museo de Alejandría, parte del palacio Real de Alejandría dedicado a las Musas), que había construido un espejo capaz de hacer converger los rayos del sol en un punto.[22]

Como ya hemos explicado, Russo considera verosímil el alcance de trescientos estadios, es decir, de cuarenta y ocho kilómetros, que mencionaba Flavio Josefo, porque corresponde al límite de la curvatura de la Tierra y al horizonte. La altura excepcional del faro constituiría la contraprueba, pues carecería de sentido si el sistema de la linterna no hubiera podido verse a esa distancia. Por otra parte, solo un reflector era capaz de cubrir un alcance semejante, cosa que Russo da por sentado porque los viajeros árabes que visitaron el faro vieron unas superficies reflectantes de metal.[23] Es interesante notar que el conocido como «faro» de Abusir, un monumento fúnebre mucho más pequeño que el faro de Alejandría, pero parecido, estaba a cuarenta y ocho kilómetros de su gigantesco modelo, la misma distancia que Flavio Josefo considera el alcance máximo de la torre alejandrina. ¿Podríamos quizá plantear la hipótesis de que se utilizara como de punto de observación para medir el alcance del faro?

Russo cree que la forma cilíndrica de la linterna sugería también que estaba dotada de un mecanismo de rotación para que el haz de luz fuera más visible y facilitar que se distinguiera de otras fuentes luminosas, como las estrellas. En efecto, dice Plinio: «El peligro del sistema reside en la posibilidad de que, al arder sin interrupción, estos fuegos se confundan con las estrellas».[24]

También hay opiniones contrarias a esta hipótesis. La investigación de los Romer, que es anterior a la de Russo, menciona las teorías de Thiersch, de 1909 y 1915, sobre el uso de espejos y reflectores, definiéndolas como «fantasías» que el clima tecnológico de principios del siglo xx habría influenciado y niega rotundamente que los científicos alejandrinos aplicaran de forma práctica sus teorías. Recuerda que la economía esclavista impedía todo tipo de progreso y que los mismos científicos aborrecían las aplicaciones prácticas de sus estudios porque las consideraban actividades indignas de un estudioso. En este sentido, cualquier hipótesis de la existencia de una instalación tecnológica en la linterna del faro es fruto de la mentalidad contemporánea de los estudiosos que la han formulado.[25]

La hipótesis de Russo es, de hecho, verosímil, y si el mecanismo existía, como los indicios hacen suponer, significa que alguien lo había construido. Por otra parte, la realización de barcos gigantescos (las dimensiones y el tonelaje de las naves de la flota de Siracusa solo las superó la *Victory* de Nelson), de estatuas colosales, de formidables maquinas bélicas, de catapultas capaces de lanzamientos asombrosos, de una torre de cien metros de altura, de mecanismos para la propulsión del agua, de prensas, de bombas de pistones, de grúas y de polipastos, de instrumentos topográficos de precisión y de mecanismos de cálculo astronómico (como el de Anticitera, recientemente sometido a TAC para averiguar sus funciones) son señales de un fervor de inventiva que, sin duda, debía de implicar a las mejores mentes y a la mano de obra más especializada, y no requerir solo el trabajo físico de los esclavos.

Es obvio que quedan muchas preguntas sin responder, y que muchas respuestas solo pueden considerarse hipótesis. ¿De qué tipo de hoguera se trataba? ¿Cómo la alimentaban? ¿Cómo trasportaban el combustible hasta lo alto de la torre? ¿Cómo eliminaban el humo? ¿Cómo evitaban que el hollín oscureciera sin cesar las superficies reflectoras? Romer cree que quizá utilizaban solo aceite, pues la madera escaseaba en Egipto y la que había era de pésima calidad, pero también puede pensarse en la nafta, que se importaría fácilmente del cercano Oriente, o en aditivos como la cera o la resina. El humo debía de salir por una vía de escape situada en la cúpula de la linterna, y la limpieza se realizaría a mano, como solía hacerse en la Linterna de Génova en el siglo XII.

En cualquier caso, y como ya se ha mencionado, el faro fue una obra de gran éxito que tuvo decenas de réplicas a lo largo de toda la costa mediterránea y atlántica, y sobrevivió mucho tiempo, pues estaba todavía en funcionamiento en la época de la invasión árabe de Egipto.

Conte afirmaba en la última edición italiana comentada de la *Historia natural* de Plinio que un terremoto lo destruyó en el 796,[26] mientras que J. Y. Empereur sostiene que en esa ocasión solo perdió el tercer nivel, es decir, la linterna. Lo deduce del hecho de que un siglo más tarde el sultán Ibn Tulun mandó erigir encima una mezquita que también sería un minarete, dada la altura de la construcción sobre la que se asentaba. La primera sacudida debió de debilitar notablemente su estructura, que en los años siguientes se reveló más frágil y menos resistente a las sacudidas de intensidad inferior. A mitad del siglo x, a causa del quebranto de algunas grietas, el monumento sufrió un derrumbe que le hizo perder veintidós metros de altura, y dos siglos después tuvo lugar otro. Los árabes intentaron restaurarlo, y gracias a Saladino logró sobrevivir hasta el año 1303, cuando un terremoto de gran magnitud sacudió todo el Mediterráneo y lo destruyó por completo.

De los testimonios de los viajeros árabes, Ibn Battuta sobre todo,[27] se intuye que, tras casi dieciséis siglos desde que lo construyera Sóstrato de Cnido y Ptolomeo II lo inaugurara, la gran torre estaba en ruinas. Pero su maravillosa estructura siguió siendo famosa en el mundo árabe y se convirtió en legendaria en todo el Mediterráneo. Hacia la primera mitad del siglo xv, en el lugar exacto donde se erigía (el extremo oriental de la isla de Faro), se levantó el fuerte de Quaitbey empleando material procedente de sus ruinas.

Otro gran monumento de la arquitectura urbanística alejandrina, el *eptastadion*, quedó sepultado con el paso del tiempo bajo los sedimentos marinos que convirtieron la isla de Faro en una península. Su istmo alberga hoy en día uno de los barrios más atestados de la ciudad.

Durante la invasión napoleónica Alejandría no era más que una miserable aldea de pescadores situada en el istmo, de modo que la antigua área urbana que se extendía hacia el sur estaba libre y habría podido excavarse íntegramente. Por desgracia, en la actualidad es algo irrealizable.

En 1993 el faro volvió a ser el centro de la atención internacional porque el gobierno egipcio había proyectado la construcción de una presa justo en la zona donde se había erigido. En las labores de salvamento participó el francés Jean-Yves Empereur, un arqueólogo submarinista de gran experiencia que había explorado varios yacimientos en Grecia y en la costa turca. En sus expediciones ha descubierto y salvado más de tres mil piezas arqueológicas de gran importancia: estatuas colosales, esfinges, leones, columnas, capiteles y bloques de granito que probablemente pertenecían al faro, uno de los cuales pesa setenta y cinco toneladas. El área en la que se habían desperdigado las piezas escultóricas y arquitectónicas cubre una extensión en forma de arco de más de dos hectáreas en dirección noroeste, con escasez de los restos a medida que nos alejamos de la costa. Esta dispersión es típica de un derrumbe debido a un terremoto, algo parecido a lo que le sucedió al mausoleo de Halicarnaso, que esparció sus trozos por el adyacente «campo del Imán».

De las numerosas esculturas que se han hallado, buena parte representan divinidades y soberanos ptolemaicos. Hace muchos años se hundieron en el mar a consecuencia del terrible terremoto que acabó con la obra de Sóstrato de Cnido. Las estatuas y los grandes bloques se derrumbaron entre sacudidas estrepitosas, y a causa de su peso acabaron en el fondo marino, entre los reflejos ondulados del sol sobre la arena. A eso siguió un silencio de milenios, hasta que los mismos seres humanos que habían erigido aquella maravilla, que la habían visto caer presos de la impotencia, que habían saqueado sus enormes ruinas, reaparecieron como criaturas del mar nadando a su alrededor. Sujetaron sus restos y los sacaron de nuevo a la superficie bajo la luz cegadora del sol para soñar una vez más con el faro de Alejandría, la séptima maravilla del mundo.

¿La octava maravilla?

Su fama no cuenta con el aval de nombres prestigiosos como los de Plinio, Flavio Josefo, Arriano o Amiano Marcelino; no la describieron Pausanias o Estrabón, y gracias a eso ha permanecido oculta, invisible y misteriosa en un rincón remoto y poco frecuentado del mundo, entre Anatolia y Siria septentrional. Ignoramos quién fue el arquitecto que la construyó, y sus gigantescas estatuas que los terremotos han decapitado, que han conocido veinte siglos de intemperie y temperaturas extremas, no las han esculpido cinceles de renombre. Sin embargo, se trata de uno de los lugares más impresionantes y fascinantes del planeta.

Hasta hace poco, para asistir a su inolvidable aparición ante nuestros ojos había que enfrentarse a un viaje dificultoso por una carretera polvorienta que se encaramaba, curva tras curva, hasta la falda de una montaña, y cruzar después el puente de un solo arco del emperador Septimio Severo, suspendido en el vacío sobre la corriente agitada y transparente de un río de cristal líquido y azulado bajo la luz del amanecer, para llegar a la terraza oriental del mausoleo a la salida del sol. En ese momento, cuando el torrente Kahta se incendia como una mecha desde el manantial hasta la orilla del Éufrates, las cabezas inmensas y atónitas del rey y de sus dioses parecen cobrar un hálito de vida y sus rostros sonrojarse, y los colosos proyectan sus sombras alargadas sobre la colina de piedra que vigilan águilas y leones. Entonces se levanta una brisa fría y cortante procedente de los picos del Tauro y los gigantes se estremecen ante nuestros ojos.

Es el mausoleo de Comagene, la tumba-santuario del rey Antíoco I Theos Epífanes, descendiente de Alejandro por parte de madre, de Darío I el Grande por parte de padre, predilecto de Zeus y de Ahura Mazda, y señor de un pequeño reino entre dos agresivos y belicosos gigantes: la Partia al este i el Imperio romano al oeste.

El proyecto de quien lo construyó fue simplemente extraordinario, pues utiliza como base de apoyo una montaña entera, pelada, áspera y solitaria, de dos mil ciento cincuenta metros de altura que se yergue en la Anatolia oriental, cerca de la frontera con Siria: el monte Nemrut, donde, según la leyenda, el mítico Nemrot, el rey de la torre de Babel, iba de caza. En su cima se yergue el mausoleo, un túmulo cónico hecho con guijarros y rocas cinceladas en la montaña. Las piedras se dejaron caer desde lo alto, en lugar de ir acumulándolas, para que la gravedad las hiciera rodar y crear así una de esas formas perfectas que solo las fuerzas de la naturaleza logran plasmar.

A medida que el cono de piedra caliza se levantaba, los obreros, que subían por rampas de madera colocadas a intervalos idénticos, seguían echando guijarros de sus cestas mientras otros miles de hombres esculpían la roca creando explanadas sobre las que colocarían los colosos y los altares. De este modo el túmulo alcanzó la altura de unos sesenta metros y un diámetro de ciento cincuenta para cubrir, se supone, la cripta funeraria que, por otra parte, nunca se ha localizado.

Se crearon tres terrazas al norte, al este y al oeste del gran túmulo, de las que solo han sobrevivido las situadas a este y oeste. La terraza oriental es la más impresionante. En su lado occidental se yerguen las cinco estatuas colosales (de entre nueve y diez metros cada una) que representan al rey con los dioses, dos águilas y dos leones a su alrededor. En el este hay un altar del fuego de forma piramidal, según el rito zoroastriano. El recinto sagrado lo completaban dos hileras de losas esculpidas, conservadas solo parcialmente, que se apoyaban en pedestales de la misma piedra gris. En el norte estaban representados los antepasados persas de Antíoco hasta el rey Darío, con el nombre de cada uno grabado en la parte exterior de la losa, ahora fragmentada. En el lado sur había otro recinto de losas con las imágenes de los antepasados macedonios del rey hasta Alejandro Magno.

Desde un punto de vista propagandístico y geopolítico, el mensaje era claro: no podía obligarse a la dinastía oróntida de Comagene a tomar partido ni por Oriente ni por Occidente, pues formaba parte de ambos por descendencia; tenía que mantener su autonomía y neutralidad en interés de todos.

La primera gran potencia de Oriente había sido la de los seléucidas, que, aun habiendo heredado Asia de Alejandro Magno, no fueron capaces de conservarla; después la de los partos, que en el 53 a.C., cuando Antíoco I llevaba once años reinando, venció a Craso en Carras. En las inscripciones en griego, que sin duda son muy posteriores a esa fecha, Antíoco añade a sus títulos protocolarios los nombres de Filorromano y de Filohelénico, probablemente porque en ese momento los partos eran mucho más temibles y, sobre todo, estaban mucho más cerca de lo que nunca habían estado los seléucidas.

En la terraza occidental se repetía la escena del rey sentado entre los dioses, pero hay que recordar que cada una de esas divinidades podía tener cuatro o cinco personificaciones diferentes, de acuerdo con la tendencia sincretista, según la cual los dioses son los mismos en todo el mundo aunque asuman nombres distintos. Aquí, en la terraza occidental, se encuentra el relieve del león que en realidad es un horóscopo. Hay diecinueve estrellas en el cielo y en el cuerpo del león, una media luna sobre su pecho y tres planetas en conjunción (Júpiter, Mercurio y Marte), que indican una fecha: 7 de julio del 62 o el 61 a.C., el día en que Pompeyo puso a Antíoco en el trono. La terraza septentrional tenía la función de comunicar la vía procesional que unía la terraza oriental con la occidental.

Por causa de los terremotos en la terraza occidental yacen, esparcidas sobre el terreno, las cabezas de los colosos, pero están mejor conservadas, y al atardecer producen el mismo espejismo que tiene lugar en la terraza oriental al amanecer. Se trata de un espectáculo emocionante y conmovedor.

En el pedestal de los colosos hay grabada una larga inscripción en griego sobre una superficie de cuarenta y dos metros cuadrados, alternada con números romanos, que proclama la naturaleza divina del rey y celebra su obra: «El gran rey Antíoco, Theos justo, Epífanes, Filorromano y Filohelénico ha escrito con palabras indestructibles en estos basamentos sagrados para toda la eternidad [...] He gobernado mi reino con honor gracias a mis sentimientos píos [...] He construido un lugar para los dioses, y después de haber adornado las representaciones de su aspecto con todos los recursos del arte conformes a las antiguas tradiciones de los persas y de los griegos [...] Le he rendido honor celebrando sacrificios y fiestas ceremoniales [...] Así he justificado, pues, mi intención de erigir, cerca de los tronos celestiales y sobre cimientos invencibles al insulto del tiempo, esta tumba santuario donde mi cuerpo dormirá un eterno reposo separado de su alma pía, que emprenderá el vuelo hacia las regiones celestiales de Júpiter Ahura Mazda [...]».

Esta larga inscripción es la expresión de un extraordinario y rico sincretismo de Oriente y Occidente. La separación del alma del cuerpo, como en la tradición órfica, cristiana, griega y persa, por fin el dios supremo que es Júpiter, pero también Ahura Mazda. La inscripción, en sus últimas líneas, se dirige a quienquiera que en el futuro tome el poder, conminándolo a respetar las reglas de aquel lugar y de todos los dioses y los espíritus: «Que sepan quienes albergan sentimientos antirreligiosos y contrarios al respeto de los espíritus que se enemistarán con los dioses y recibirán nuestra maldición».

Lo que más impresiona es que nadie sabía nada de este maravilloso monumento (si bien en la Edad Media era conocido por los cristianos sirios) hasta 1881, cuando un técnico alemán, Charles Sester, oyó hablar de él a sus colaboradores kurdos e informó al cónsul de su país en Esmirna, quien hizo circular la noticia en los ambientes académicos de Berlín. En general, nadie demostró gran interés por ese complejo monumental que se hallaba en la cima de una montaña, pero un arqueólogo, Otto Puchstein, aceptó encontrarse con Sester en Alejandría, Egipto.

En 1883 Puchstein y Carl Humann, que había trabajado en la retirada del altar de Pérgamo, organizaron una expedición en toda regla que patrocinaba el mariscal de campo Von Moltke, vencedor en la batalla de Sedán.

Sin embargo, hubo que esperar hasta 1953 para que Theresa Goell, perteneciente a la American School of Oriental Research, empezase a excavar el túmulo. Por aquel entonces Theresa Goell era una de las pocas mujeres arqueólogas y su pasión era tan grande que dejó a su marido y a su hijo para dedicarse completamente a ella. Por lo que parece, sus métodos de excavación eran más bien bruscos: se cuenta que utilizó explosivos para abrir el túmulo, obteniendo como resultado que se hundiera unos diez metros. Estaba convencida de que debajo se hallaba la cripta con las cenizas (o el cuerpo) del rey y su tesoro. Hasta el momento, la búsqueda no ha dado resultados.

El aislamiento del lugar y su difícil acceso han protegido el mausoleo durante casi diecinueve siglos, a pesar de que, contrariamente a las palabras de Antíoco, los insultos del tiempo y de los arqueólogos sí han dejado huella. Privados de su piel de revoque, que debía de protegerlos de las oscilaciones térmicas y de la intemperie, y también proporcionarles el aspecto humano, los colosos muestran los grandes bloques de mampostería en seco de los que están hechos. Aun así, los rostros apoyados en el suelo revelan la huella de manos expertas y el estilo reconocible del tardohelenismo.

Por desgracia, un proyecto de restauración del santuario de Antíoco I que hace algunos años llevaron a cabo arqueólogos turcos y holandeses ha colocado las majestuosas cabezas de la terraza oriental entre las piernas de sus propietarios, creando un efecto grotesco que roza el ridículo. Por lo que parece, la finalidad era aislar las cabezas del suelo para protegerlas de la humedad y del hielo. Por ese motivo se colocaron sobre una base de guijarros como los del túmulo. La ubicación actual, argumentan, es «más racional», expresión más difícil de interpretar que la clara inscripción de Antíoco.*

Por si eso no bastara, para facilitar el acceso a los turistas han añadido dos rampas de cemento gris claro que afean brutalmente la vista del perfil de Nemrut; lo recorren desde la falda hasta la cima y resultan muy visibles desde lejos. Por suerte, la marcada oscilación térmica entre el verano y el invierno y entre el día y la noche ha emprendido su particular obra de demolición que, esperamos, sea lo más rápida posible. Antes existía un sendero empedrado con escalones largos y de poca altura del mismo color que la montaña y, por tanto, disimulado; podrían volver a utilizarlo.

Lo que algún estudioso de Turquía ya ha definido como «la octava maravilla del mundo antiguo» corre un grave peligro. Solo nos queda esperar que las cosas vuelvan a la situación de antes. La desilusión de quienes ya conocían la terraza oriental es más elocuente que las palabras.

De este viaje a través de las maravillas perdidas del mundo antiguo, algunas destruidas por completo y otras en muy mal estado o saqueadas y desfiguradas, como la gran pirámide de Guiza, cuya mole ha desafiado la estupidez humana, sacamos una amarga conclusión: ninguna obra de arte, por más grande y admirable que sea, sobrevive a la

---

* Esta es la respuesta que dio el director de la misión arqueológica, a quien se preguntó por correo electrónico, al autor de este libro.

civilización que la creó si la posteridad no la considera una valiosa herencia que hay que proteger y transmitir a las generaciones futuras. Dicho esto, debería evitarse asimismo el conservadurismo extremista que, por otras razones, también tiene resultados letales.

El mausoleo de Comagene, que hace dos mil años erigió un pequeño rey de un minúsculo y efímero estado, ha llegado hasta nuestros días gracias a una especie de milagro, como les sucedió a los Budas de Bamiyan, que en el año 2001 los talibanes dinamitaron y acribillaron. Nosotros, hombres y mujeres del siglo XXI, tenemos que demostrar que merecemos esta maravillosa herencia impidiendo cualquier forma de destrucción.

Apéndices

Notas

El jardín imposible

1. En Jenofonte, *Anábasis*, I, 7. También el gobernador de Siria, Belesis, posee un hermoso parque donde crece fruta en todas las estaciones (Jenofonte, *Anábasis*, I, 4, 10).

2. Descrita por Plinio, *Historia natural*, XXXVI, 111.

3. El Edén tiene un equivalente en el «paraíso» que los autores antiguos identificaron con las islas Afortunadas, situadas en el extremo de Occidente. Véase el análisis comentado de las fuentes principales en V. M. Manfredi, *Le isole Fortunate*, 1993, y actualizaciones en la edición española: V. M. Manfredi, *Las islas Afortunadas*, 1997.

4. Se cree que la lista de las siete maravillas del mundo la redactó, alrededor del 140 a.C., Antípatro de Sidón, pero la primera lista completa debió de confeccionarse antes, entre principios del siglo III, cuando se inauguró el faro de Alejandría en el 280, y el 227, año en que un terremoto derrumbó el coloso de Rodas (el cual, aun en ruinas, siguió siendo objeto de admiración). Se atribuye la autoría de la obra *De septem orbis spectaculis* a Filón de Bizancio, científico e ingeniero, quizá discípulo de Ctesibio y probable frecuentador del museo y de la gran biblioteca. El momento cumbre de su carrera se fecha alrede-

dor de finales del siglo III. Solo una mínima parte de su obra, muy vasta, ha llegado hasta nuestros días. Muchos estudiosos sostienen que la paternidad de la lista *De septem spectacula* se la atribuyó un autor tardío (siglo V d.C.) para conferir autoridad a su propia obra. *Cfr.* Philo Byzantii, *De septem orbis spectaculis*, con notas críticas e índices de R. Hercher, *s.v.* «Hortus pensilis», Parisiis MDCCCLVIII.

5. En Flavio Josefo, *Antigüedades judías*, 224-226, y *Contra Apión*, 138-141.

6. En Diodoro Sículo, *Biblioteca histórica*, II, 10, 1-6. Diodoro desmiente en primer lugar las historias de los griegos (¿Ctesias?) que atribuyen a Semiramis la construcción de los jardines. En general, a propósito de esta mítica reina que los asiriólogos han identificado con Samurammat, véase G. Pettinato, *Semiramide*, 1985, pp. 381 y ss.

7. Véanse las ilustraciones de S. Dalley, *The Mistery of the Hanging Garden of Babylon*, 2013, pp. 24 y 25.

8. Pettinato, *op. cit.*, p. 17, atribuye a Nabucodonosor los jardines colgantes. Para la aventura de Gilgamesh y Endiku en el bosque de cedros contra el monstruo Humbaba, véase G. Pettinato, *La saga di Gilgamesh*, 1992, pp. 162 y ss.

9. Diodoro Sículo, *op. cit.*, II, 10, 6.

10. Diodoro Sículo, *op.cit.*, II, 10, 6, y Estrabón, *Geografía*, XVI, 5. Para los sistemas de elevación del agua, véase el exhaustivo capítulo «Water raising equipment» en K. D. White, *Greek and Roman Technology*, 1984, p. 32, donde se encuentran numerosas referencias a fuentes antiguas. Para la cóclea, véase también VV. AA., *Artifex. Ingeniería romana en España*, catálogo de la exposición, 2002, p. 129.

11. Véase S. Dalley, *op. cit.*, p. 32.

12. K. D. White, *op. cit.*, p. 33, fig. 23, la variante vitruviana de rueda con cadena de cubos. Para la rueda hidráulica, véase también VV. AA., *Artifex*, pp. 131-133.

13. Véase la reconstrucción ideal de la bomba de pistones

de Ctesibio (maestro de Filón de Bizancio) en VV. AA., *Artifex*, p. 134; esquemas gráficos de funcionamiento y piezas originales en p. 136.

14. S. Dalley, *op. cit.*, p. 63.

15. En Flavio Josefo, *Contra Apión*, I, 138-141.

16. S. Dalley, *op. cit.*, pp. 3-33. Desde el primer momento Stephaney Dalley revela sus convicciones al citar a I. Finkel, en el libro de P. A. Clayton y M. J. Price, eds., *The Seven Wonders of the Ancient World*, 1988, y a J. y E. Romer, *The Seven Wonders of the World*, 1995, ambos contrarios a la idea de la existencia de los jardines colgantes en Babilonia.

17. A su vez, Ctesias es la fuente principal de la vida de Artajerjes de Plutarco, y Jenofonte lo menciona en el *Anábasis* como mediador entre el Gran Rey y el comandante de los Diez Mil, Clearco. Como él mismo cuenta, curó a Artajerjes de una herida que se hizo en la batalla de Cunaxa (401 a. C.), librada contra Ciro el Joven, su hermano, quien quería arrebatarle el trono y, a ser posible, asesinarlo. Ctesias también narró (Plutarco, *ibid.*) la ejecución de los comandantes griegos del ejército de los Diez Mil que sufrieron una emboscada en el norte de Nínive, cerca de la actual ciudad de Zacho.

18. Plutarco, *Vidas de Arato y Artajerjes*; Jenofonte, *Anábasis*, I, 8, 26. En cuanto a Ctesias como testigo fiable, véase *infra* el episodio de Clearco y el peine.

19. Estrabón, *op. cit.*, XVI, 1, 5.

20. Quinto Curcio Rufo, *Historia de Alejandro Magno*, V, 24-39.

21. *Ibid.*, V, 34.

22. Véase S. Dalley, *op. cit.*, ilustración de p. 50. En efecto, evoca interpretaciones gráficas con pilares y superficies colgantes.

23. *Ibid.*, p. 46.

24. Compárese con la lista de J. y E. Romer, *op. cit.* [trad. it.: p. 163]. La traducción de las especies vegetales de estas listas siempre resulta problemática.

25. P. A. Clayton y M. J. Price, *op. cit.* [trad. it.: p. 42].
G. Pettinato considera sin embargo que no hay motivo para
creer que los jardines colgantes fueran obra de Nabucodonosor y que existieran realmente; véase G. Pettinato, *op. cit.*,
pp. 380 y ss.

26. En P. A. Clayton y M. J. Price, *op. cit.*

La gran pirámide

1. Heródoto dedica todo el libro II de su *Historia* a Egipto,
analizando los usos las costumbres, los ritos, las ceremonias y
la mitología, pero también incluye anécdotas de la vida cotidia-
na (cómo protegerse de los mosquitos o cómo criar gatos) y
descripciones del folclore local. Declara que sus fuentes son
principalmente los sacerdotes de los grandes templos, guardianes de la tradición milenaria. Aquí se hace referencia a la edición italiana de la Fondazione Lorenzo Valla, Milán, 1989, con
texto, introducción y comentarios a cargo de Alan B. Lloyd.
Las fuentes egipcias son muy numerosas y las citaremos solo en
caso de mención directa. En cuanto a Manetón, nos remitimos
a *Manetho: History of Egypt and Other Works*, en texto bilingüe y traducción de W. G. Waddell, Loeb Classical Library,
Londres, 1940.

2. M. E. Chioffi y G. Rigamonti, «I racconti di Cheope», en
Antologia della letteratura egizia del Medio Regno, vol. II,
2008, pp. 229 y ss.

3. Heródoto, *op. cit.*, II, 124.

4. La descripción de estas estructuras se basa principalmente en el riguroso análisis de F. Cimmino, *Storia delle piramidi*,
1990, pp. 146-175.

5. Véase también P. A. Clayton, en P. A. Clayton y M. J. Price, eds., *The Seven Wonders of the Ancient World*, 1988 [trad.
it.: *Le sette meraviglie del mondo*, Turín, 2003, p. 30].

6. Véase la cuarta figura en el inserto de F. Cimmino, *op. cit.*

7. W. M. Flinders Petrie, *The Pyramids and Temples of Gizeh*, Londres, 1883, p. 197.

8. F. Cimmino, *op. cit.*, p. 147.

9. Plinio, *Historia natural*, XXXVI, 77.

10. Diodoro Sículo, *Biblioteca histórica*, I, 1, ss. y II, 15-18.

11. Estrabón, *Geografía*, XVII, 1, 33.

12. Lucano, *Farsalia*, VIII, 696-697.

13. *Ibid.*, X, 19.

14. *Ibid.*, VIII, 694.

15. P. A. Clayton, en P. A. Clayton y M. J. Price, *op. cit.* [trad. it.: pp. 21-22].

16. *Ibid.*, pp. 22 y ss. Una serie de propuestas interesantes y sensatas.

17. La hipótesis es del profesor Kurt Mendelssohn, y P. A. Clayton la expone en P. A Clayton y M. J. Price, *op. cit.* [trad. it.: p. 179].

18. En Heródoto, *op. cit.*, IV, 72-73. Véase, en general y con amplia documentación iconográfica, V. Schiltz, *Histoires de kourganes: la redécouverte de l'or des Scythes*, 1991.

19. Homero, *Odisea*, en traducción de José Luis Calvo Martínez, Cátedra, Madrid, 2007. *(N. de la T.)*

El Zeus de Fidias en Olimpia

1. Para una aproximación descriptiva a este tipo de imágenes, véase *Enciclopedia dell'Arte Antica* (*EAA*), Istituto della Enciclopedia Italiana, 1958-1973, *s. v.* «Crisoelefantina, técnica».

2. Pausanias, *Descripción de Grecia*, VII, 18, 9.

3. Canaco había creado otra estatua crisoelefantina de Afrodita en Sición: «Afrodita, de oro y marfil, tocada con el *polos*, que lleva una amapola en una mano y un pomo en la otra» (Pau-

sanias, *op. cit.*, II, 10, 5). Es interesante constatar que la diosa luce el *polos* como la Artemisa de Éfeso.

4. Tucídides, *Historia de la guerra del Peloponeso*, II, 13.

5. Pausanias, *op. cit.*, I, 24, 5-7.

6. Reproducida en *Enciclopedia dell'Arte Antica* (*EAA*), Istituto della Enciclopedia Italiana, 1958-1973, *s. v.* «Atenas», vol. I, p. 804, fig. 1008.

7. Grifones, según Pausanias (I, 24, 5).

8. Pausanias afirma que la cresta del yelmo y la punta de la lanza se veían desde el Pireo.

9. Pausanias, *op. cit.*, I, 28, 2.

10. Pausanias, *op. cit.*, V, I, 14.

11. Luciano de Samosata, *El gallo*, 24.

12. Estrabón, *Geografía*, VIII, 3, 30.

13. *Cfr.* M. J. Price, en P. A. Clayton y M. J. Price, eds., *The Seven Wonders of the Ancient World*, 1988 [trad. it.: p. 68].

14. *Cfr.* M. Papini, *Fidia*, 2014, y su bibliografía relativa a las excavaciones del Instituto Arqueológico Alemán, 1958.

15. Véase M. J. Price, en P. A. Clayton y M. J. Price, *op. cit.* [trad. it.: p. 67, figs. 19 y 20].

16. *Ibid.*, fig. 21.

17. Pausanias, *op. cit.*, V, 11, 2.

18. Véase Pausanias, *Description of Greece*, Loeb Classical Library, libro V, p. 439, nota 1.

19. Clemente de Alejandría (en *Protreptico*, IV, p. 47) juega con el doble sentido: *Pantarke*, de hecho, significa «omnipotente», pero no se refería a Zeus al escribir «el Omnipotente [Zeus] es hermoso», sino a Pantarces, el amado de Fidias.

20. Esa fue la opinión de los expertos en cuanto la cabeza se restauró. La absoluta perfección, la nobleza de los rasgos y el estilo inconfundible de Fidias llevan a pensar que esta es la réplica más fidedigna del rostro del dios olímpico. Véase N. Bonacasa, S. Ensoli *et al.*, *Cirene*, 2000, pp. 137-138 y fig. p. 190.

21. Suetonio, *Vida de Calígula*, 22.

22. Clemente de Alejandría, *op. cit.*, IV, 46 y ss.

23. Acerca de Zeus en el palacio de Lauso, véase Jorge Cedreno, *Compendio de Historia universal*, 1647, p. 322B, vol. I. También sabemos que Lauso encargó la *Historia Lausiaca* de Paladio de Galacia sobre las vidas de los eremitas.

El coloso de Rodas

1. *De septem orbis spectaculis* es el título de la obra de Filón de Bizancio, y la lista incluye el coloso de Rodas. El autor empieza usando un tono muy enfático para decantarse más tarde por una descripción técnica que cabe considerar interesante para comprender el monumento.

2. Los ídolos anicónicos son, por lo general, muy antiguos. En algunos santuarios que se remontan al Paleolítico se han hallado piedras vagamente antropomórficas o zoomórficas que constituían objeto de culto, pero también hay casos parecidos en la edad histórica. En el templo de Afrodita en Pafos la imagen de la diosa era anicónica, con forma de espiral.

3. Véase R. Higgins, «The Colossus of Rhodes», en P. A. Clayton y M. J. Price, eds., *The Seven Wonders of the Ancient World*, 1988 [trad. it.: p. 122]. Y en especial para el significado de la palabra *kolòssos*, véase É. Benveniste, «À propos du Kolossos», *Revue de philologie de littérature et d'histoire annciennes*, 3, serie 6, 1932, p. 118.

4. Plinio, *Historia natural*, XXXIV, 41, y Estrabón, *Geografía*, XIV, 2, 5.

5. En este sentido, véase E. Guidoboni *et al.*, *Catalogue of the Ancient Earthquakes in the Mediterranean Area up to the 10th Century*, 1994, p. 140. El autor escribe: «*This is the disastrous earthquake which caused the famous colossus of Rhodes to collapse*» («Este es el desastroso terremoto que provocó el derrumbe del famoso coloso de Rodas»).

6. J. y E. Romer, *The Seven Wonders of the World* [trad. it.: *Sulle trace delle sette meraviglie del mondo*, 1998, p. 53]. Los autores se decantan por la fortaleza de San Nicolás en la bocana del puerto.

7. Estrabón, *op. cit.*, V, 278.

8. Plinio, *op. cit.*, XXXIV, 37.

9. *Ibid.*, XXXIV, 40.

10. En realidad, no tenemos ninguna prueba de que la cabeza del coloso llevara una aureola con rayos, pero resulta verosímil suponerlo ya que representaba a Helios, el dios Sol, protector de la isla.

11. Plinio, *op. cit.*, XXXIV, 47.

12. *Vida de Adriano. Historia Augusta*, 19.

13. Acerca del prodigio de los colosos de Memnón, véase G. W. Bowersock, «The Miracle of Memnon», *The Bulletin of the American Society of Papirologists* (*BASP*), vol. XXI, 1-4, 1984, pp. 21-33.

14. El episodio tuvo lugar durante las guerras de los diádocos y los epígonos, cuando Rodas, rica e independiente, se convirtió en una especie de provocación para el imperialismo, tanto de Demetrio Poliorcetes como del padre de este, Antígono Monóftalmos. Para saber más sobre estos hechos y sobre el papel que Rodas desempeñó en la guerra, véase VV. AA., *The Cambridge Ancient History* (*CAH*), Cambridge, vol. V [trad. it.: pp. 430 y ss.].

15. R. Lane Fox, R., *Alexander The Great*, 1986, p. 191: «*Diades the Greek [...] in a work on technical engineering [...] is later described as the man who besieged Tyre with Alexander. The fall of the city perhaps owned more to the drawing-board than will ever been known*» («Diades de Pela [...] en una obra de ingeniería técnica [...] fue descrito posteriormente como el hombre que, junto con Alejandro, sitió Tiro. Tal vez la caída de la ciudad tuvo más que ver con la estrategia de lo que jamás llegaremos a saber»).

16. Plinio opone aquí los colosos realizados en Italia y los griegos, véanse las notas 1-3 en XXXIV, 43 de Plinio, *Storia naturale*, Einaudi, Turín, 1988, p. 157.

17. En tiempos de Plinio todavía se apreciaban restos dentro del coloso derribado y fragmentado (*op. cit.*, XXXIV, 18, 41): «En su interior pueden verse piedras de enormes dimensiones que Cares había utilizado para dar estabilidad a la estatua mientras la construía».

18. A diferencia de R. Higgins, *op. cit.*, p. 124.

19. Véase H. Maryon, «The Colossus of Rhodes», *The Journal of Hellenic Studies* (*JHS*), 76, 1956, fig. 10, p. 71.

20. R. Higgins, *op. cit.*, p. 124, es partidario, con más verosimilitud, de interpretar la figura como la de un atleta victorioso que se coloca la corona sobre la cabeza.

21. Véase H. Maryon, *op. cit.*, fig. 10, p. 81. Pero en fig. 3, p. 72, donde se aprecia claramente que el coloso se inspira en el bajorrelieve del n.º 15 (aguanta el manto con el brazo izquierdo), todavía se le mostraba con el brazo derecho doblado protegiéndose los ojos de la luz, lo cual resulta extraño dado que la estatua representaba la fuente misma de la luz, el sol.

22. Probablemente porque, a partir de cierto punto, estaban soldadas al cuerpo.

23. H. Maryon, *op. cit.*, pp. 68-86.

24. Plinio, *op. cit.*, XXIV, 43.

25. La imagen en el anverso de los tetradracmas de plata del Museo Británico lleva en la cabeza la corona radiada. Véase H. Maryon, *op. cit.*, fig. 4, p. 43.

26. R. Higgins, *op. cit.*, pp. 127-128.

27. Estrabón, *op. cit.*, XIV, 2, 5.

28. Plinio, *op. cit.*, XXXIV, 41.

29. Constantino Porfirogéneta, *Sobre la administración del Imperio*, 20.

1. Lucano, *Farsalia*, VIII, 697; la tumba de Alejandro está representada como un «*sacratum antrum*» (*ibid*., 694), y más adelante (X, 19) como un «*effossum antrum*», al que Julio César bajó con congoja para rendir homenaje al gran soberano.

2. Tenemos noticias de esta primera sepultura gracias a Quinto Curcio Rufo, *Historia de Alejandro Magno*, X, 10, 10, y a Pausanias, *Descripción de Grecia*, I, 6, 3, así como a un breve pasaje de *Crónica de Paros*, una tabla cronológica de los eventos de la historia de los griegos, del mítico rey Cécrope, a mediados del siglo III a.C. aproximadamente. Según la tabla, en una fecha que correspondería al 321-320 a.C. «Alejandro fue sepultado en Menfis...». Para ulteriores observaciones y bibliografía, véase V. M. Manfredi, *La tumba de Alejandro*, 2011.

3. Estrabón, *Geografía*, XVII, 1, 8; Zenobio, *Proverbios*, III, 94; sobre todo Aquiles Tacio, *Las aventuras de Leucipa y Clitofonte*, V, 13.

4. A principios de la década de 1960 un equipo polaco bajo la dirección de K. Michalowski llevó a cabo una amplia excavación. Los primeros hallazgos están recogidos en K. Michalowski, *Études et travaux*, vol. 1, 1966, pp. 5 y ss., y en W. Kubiak, *Bulletin de la Société royale d'archéologie d'Alexandrie*, 42, 1966, pp. 47 y ss.

5. Vitruvio, *Arquitectura*, II, 8, 11.

6. Plinio, *Historia natural*, XXXVI, 30-31.

7. Véase C. T. Newton y R. P. Pullan, *A History of Discoveries at Halicarnassus, Cnidus, and Branchidae*, 1862.

8. Véase P. E. Aerias, *Enciclopedia dell'Arte Antica* (*EAA*), Istituto della Enciclopedia Italiana, *s. v.* «Leochares», vol. IV, 1961.

9. Véase E. Buschor, *Maussollos und Alexander*, 1950.

10. J. y E. Romer, *The Seven Wonders of the World*, 1989 [trad. it.: p. 112].

11. Véase L. Vlad Borrelli, *Enciclopedia dell'Arte Antica* (*EAA*), Istituto della Enciclopedia Italiana, 1958-1973, *s. v.* «Bryaxis», vol. II.

12. Acerca de la colocación de las estatuas del mausoleo, véase G. B. Waywell, «The Mausoleum at Halicarnassus», en P. A. Clayton y M. J. Price, eds., *The Seven Wonders of the Ancient World*, 1988 [trad. it.: pp. 113-114]. Waywell supone que las estatuas de Mausolo y Artemisia estaban entre las columnas del peristilo, a pesar de que reconoce la falta de pruebas que sostengan su hipótesis. Véase también G. B. Waywell, *The Free-Standing Sculptures of the Mausoleum at Halicarnassus in the Bristish Museum*, 1978.

13. Luciano, *Diálogos de los muertos*, 24, pone en boca de Mausolo: «Soy alto, hermoso y fuerte».

14. Plinio, *op. cit.*, XXXVI, 31.

15. Véase P. Gros, ed., *Vitruvio. De architectura*, 1977, nota 98 a II, 8, 11, vol. I, pp. 200-203.

16. Vitruvio, *Arquitectura*, II, 8, 1: «... *Platea ampla facta, in qua media Mausoleum ita egregiis operibus est factum ut in septem spectaculis nominetur*». Este es uno de los primeros casos en que el término latín *platea* adquiere el significado de «plaza», «ensanche», alejándose del griego *platèia*, «calle ancha»: véase P. Gros, *op. cit.*, en especial p. 200.

17. Véase G. B. Waywell, *op. cit.* [trad. it.: p. 109].

18. Vitruvio, *op. cit.*, II, 8, 11.

19. Sin duda Plinio recoge su descripción de Vitruvio. Como él, refiere la existencia de losas de mármol de Proconeso que revestían las paredes del palacio, construidas de ladrillo (*op. cit.*, XXXVI, 47).

20. Luciano de Samosata, *Diálogos de los muertos*, 24.

21. Véase G. B. Waywell, *op. cit.*, 1989 [trad. it.; p. 115].

22. Plinio, *op. cit.*, XXXVI, 30.

23. Sobre las escenas de amazonomaquia, véase concretamente E. C. Keuls, *The Reign of Phallus: Sexual Politics in*

Ancient Athens, 1993, pp. 44 y ss., y *passim*, con relativa iconografía.

24. Véase P. Gros, *op. cit.*, nota 98 a II, 8, 11, vol. I, en especial p. 201.

25. *Cfr.* G. B. Waywell, *op. cit.* [trad. it.: pp. 109-110].

26. Para una reconstrucción del mausoleo fundada, junto con los resultados de las excavaciones, en la interpretación del pasaje de Plinio (*op. cit.*, XXXVI, 30-31), se considera básico el texto de K. Jeppesen y A. Luttrell, eds., *The Maussolleion at Halikarnassos*, vol. II, *The Written Sources and their Archaeological Background*, 1986, pp. 13-113, cuyas teorías, a pesar de todo, han suscitado perplejidad, en especial en lo concerniente a algunas medidas: véase G. B. Conte, ed., *Plinio. Storia naturale*, 1982-1988, nota 2 a XXXVI, 30, vol. V, fundamentalmente p. 567.

27. Véase G. B. Waywell, *op. cit.*, 1989 [trad. it.: pp. 100-101].

28. Para saber más acerca de este extraordinario descubrimiento, véase M. Andronikos, *Vergina. The Royal Tombs and the Ancient City*, 1984, y M. Andronikos, *The Royal Graves at Vergina*, 1978.

29. Véase G. B. Waywell, *op. cit.*,1989 [trad. it.: p. 104].

El templo de Artemisa en Éfeso

1. Heródoto, *Historia*, I, 53.

2. Cicerón, *Sobre la adivinación*, I, 3.47, y *Sobre la naturaleza de los dioses*, II, 17, 69.

3. Antípatro de Sidón, *Antología griega*, IX, 58.

4. Calímaco, *Himnos*, III, 237.

5. Homero, *Ilíada*, XI, 470.

6. Véase E. Guidoboni *et al.*, *Catalogue of the Ancient Earthquakes in the Mediterranean Area up to the 10th Century*, 1994, en concreto, n.º 59, la diosa con la gran serpiente,

minoico medio III, Museo de Heraklion, cat. 66, y n.º 60, la diosa de las serpientes, cat. 63. Suelen asociarse figuras de animales (serpientes) con las ménades que frecuentan los bosques.

7. Véase F. Berti y C. Gasparri, *Dionysos. Mito e mistero*, catálogo de la exposición, 1989, fig. 39; J. Boardman, *Athenian Red Figure Vases. The Archaic Period*, 1975, fig. 207, y el asa de la crátera vaso *François* que representa a Artemisa como *potnia theròn* mientras sujeta por el cuello un ciervo y una pantera. A veces la iconografía de la diosa incluye todo tipo de animales. Un leoncito en los brazos (véase *Enciclopedia dell'Arte Antica*, *s.v.* «Artemisa», p. 694), elemento iconográfico idéntico al de la ménade de fig. 39 en J. Boardman, *op. cit.* También a la diosa Cibeles, de origen asiático, se la representa siempre con fieras. Véase la disertación sobre mitología en W. Burkert, *Structure and History in Greek Mythology and Ritual*, 1979, pp. 99 y ss.

8. Véanse los primeros informes de las excavaciones de J. T. Wood en J. T. Wood, *Discoveries at Ephesus*, 1877.

9. Despues de J. T. Wood, D. G. Hogarth, en 1908, logra documentar una continuidad de culto muy amplia. Hay que recordar que Éfeso era una de las colonias más antiguas de Jonia, cuya fundación se relacionaba con la mítica llegada de las amazonas, si bien la tradición la remontaba al siglo XI del período submicénico atribuyéndola al héroe epónimo. En la colina que hay detrás del teatro se han hallado vestigios de un antiguo santuario.

10. Véase B. L. Trell, «The temple of Artemis at Ephesos», en P. A. Clayton y M. J. Price, eds., *The Seven Wonders of the Ancient World*, 1988 [trad. it.: p. 68].

11. Basta con pensar en los *tholoi* de Sant'Angelo Muxaro, que nos han llevado a identificarla con la mítica Camico, sede del rey sicano Kokalos, que acogió a Dédalo en su fuga del laberinto de Minos. La cercana Heraklea Minoa corroboró la convicción de una relación con la tradición mitológica. Algu-

nos elementos del ajuar han vuelto a confirmarla. *Cfr.* P. Orsi, «La necropoli di Sant'Angelo Muxaro», en *Atti della Reale Accademia di Scienze, Lettere e Belle Arti di Palermo*, Accademia di Scienze, Lettere e Belle Arti di Palermo, XVII, 1932, fig. 3.

12. Véase J. Coulton y H. W. Catling, *The Protogeometric Building at Toumba. Part 2, The Excavation, Architecture and Finds*, British School of Archaeology at Athens, Oxford, n.° 29, 1993, pp. 97-101, para la segunda fase, en general las páginas dedicadas al argumento a favor de E. Lippolis, M. Livadiotti y G. Rocco, *Architettura greca: storia e monumenti del mondo della polis dalle origini al V secolo*, 2007, y H. Stierlin, *La Grecia: da Micene al Partenone*, 1998, p. 42, para el gráfico global de las tres fases sucesivas a partir de una estructura absidal con paredes de arcilla y paja.

13. Vitruvio, *Arquitectura*, III, 2, 7; X, 2, 11-12; II, 9, 13; IV, 1, 7, y Plinio, *Historia natural*, XXXVI, 95.

14. Plinio, *op. cit.*, XXXVI, 96.

15. Estrabón, *Geografía*, XIV, 640.

16. La inscripción la completó y publicó A. H. Smith. Véase A. H. Smith, *A Catalogue of Sculpture in the Department of Greek and Roman Antiquities British Museum*, 1928: βα[σιλεύσ] Κρ[οίσοσ] ανε[θεκ]εν, «El rey Creso lo erigió».

17. Véase *Enciclopedia dell'Arte Antica* (*EAA*), Istituto della Enciclopedia Italiana, 1958-1973, *s.v.* «Efeso», p. 222; gráfico de la planta del templo de Artemisa. *Cfr.* también B. L. Trell, *op. cit.*, 1988 [trad. it.: p. 77, fig. 24].

18. Plinio, *op. cit.*, XXXVI, 95.

19. Diógenes Laercio, *Vida de los filósofos más ilustres*, II, 8, 103.

20. Vitruvio, *op. cit.*, VII, 2, 11, 15 y II, 9, 13.

21. Heródoto, *op. cit.*, III, 60.

22. Véase G. B. Conte, ed., *Plinio. Storia naturale*, 1988, vol. V, nota 2, pp. 651-653.

23. Puestas en evidencia gráficamente en H. Stierlin, *op. cit.*, p. 49.

24. Véase *Enciclopedia dell'Arte Antica (EAA)*, Istituto della Enciclopedia Italiana, 1958-1973, *s.v.* «Efeso», p. 222, fig. 275.

25. Véase *Enciclopedia dell'Arte Antica (EAA)*, Istituto della Enciclopedia Italiana, 1958-1973, *s.v.* «Artemisa». *Cfr.* también B. L. Trell, *op. cit* [trad. it.: p. 77], donde cita las excavaciones de J. T. Wood, pioneras y precedentes a las de Schliemann. La planta del templo que se contempla en el texto hace referencia a las ciento veintisiete columnas que menciona Plinio y que los arqueólogos tuvieron que colocar de manera lógica y aceptable. Véase J. y E. Romer, *op. cit.*, 1995, p. 175, donde los autores reproducen directamente el diario de exploración y excavación de Wood, quien, con extraordinaria decisión y terquedad, supo hacer frente a las dificultades hasta localizar el misterioso templo de Artemisa.

26. Véase B. L. Trell, *op. cit.* [trad. it.: p. 77, fig. 24]. El autor incluye una reconstrucción gráfica del altar.

27. Hechos de los Apóstoles, XIX, 23.

28. Véase también el ejemplar del Museo dei Conservatori en *Enciclopedia dell'Arte Antica (EAA)*, Istituto della Enciclopedia Italiana, 1958-1973, *s.v.* «Artemisa», p. 692, fig. 888, y el del Museo Arqueológico de Nápoles, las esculturas antiguas de la colección Farnese, n.º 115, la estatuilla de la colección de la Universidad de Bolonia, donde una corona de torres que quizá significa la protección de la diosa sobre la ciudad de Éfeso sustituye el *polos*. En la misma figura 24 (*cfr. supra*, nota 26) B. L. Trell, en *op. cit.*, dibuja a su vez la ventanilla por la que podía entreverse la estatua de la diosa. En un pasaje del *Anábasis* (V, 3), Jenofonte cuenta que en su propiedad de Silunte ha edificado un templo, similar al de Artemisa pero a escala reducida, como exvoto por los peligros que ha superado en sus aventuras. Explica asimismo que había colocado dentro un *xoanon*

de ciprés que se parecía a la Artemisa de Éfeso, pero que era de oro (χρυσῳ), queriendo referirse así a los ricos ropajes que la réplica de la diosa llevaba puestos, un *xoanon* de ébano.

29. B. L. Trell, *op. cit.*, abre su capítulo sobre el templo de Artemisa [trad. it.: p. 75] citando las amargas palabras con que E. Gibbon describió el destrozo del santuario de Éfeso que los godos habían perpetrado.

El faro de Alejandría

1. Para una descripción completa de la *Tabula*, véase L. Bosio, *La Tabula Peutingeriana: una descrizione pittorica del mondo antico*, 1983, así como otros más recientes, entre los que destaca R. J. A. Talbert, *Rome's World: The Peutinger Map Reconsidered*, 2010. El mapa, formado por la unión de once pergaminos, con una longitud total de casi siete metros, se conserva actualmente en la Biblioteca Nacional de Austria, en Viena (Codex Vindobonensis 324, fechado en el siglo XIII), y toma su nombre de su segundo dueño, el humanista alemán Konrad Peutinger.

2. *Cfr.* también Plinio, *Historia natural*, XXXV, 83.

3. El mapa es seguramente el resultado de una redacción progresiva, casi por bloques, que se prolongó durante un espacio de tiempo considerable. Así inducen a afirmarlo algunos indicios, como, por ejemplo, la representación de la ciudad de Pompeya, que no se reconstruyó tras la erupción del año 79 d.C., y la de Constantinopla, cuya fecha de fundación es el 328 d.C. A pesar de ello, se establece el momento más significativo de su redacción entre el 365 y el 366 d.C. a partir de la representación de tres únicas ciudades: Roma, Constantinopla y Antioquía, que fueron capitales del imperio en ese período.

4. Vemos un ejemplo en la correspondencia entre Arquímedes y Dositeo, matemático alejandrino a quien Arquímedes, de vuelta a Siracusa tras tres provechosos años de estudio en Alejandría, informa de algunas de sus obras más importantes, que acompaña con epístolas a su amigo, como los tratados acerca de la esfera y el cilindro, figuras conoidales y esféricas, las espirales y la cuadratura de la parábola. Véase W. N. Reviel Netz, *Il codice perduto di Archimede, la storia di un libro ritrovato e dei suoi segreti matematici*, 2007, pp. 65-66.

5. Conocemos el chorobate gracias a la descripción que Vitruvio hace en una sección a propósito de los acueductos (*Arquitectura*, VIII, 5, 1-3): se trataba de un instrumento que se utilizaba para nivelar canales y conductos hidráulicos, y se lo consideraba más preciso que el nivel de burbuja. Lo formaba una regla en cuyos extremos había un soporte y, debajo de estos, dos travesaños con líneas trazadas para indicar la verticalidad; de la regla colgaban dos o cuatro plomadas que marcaban sobre las líneas de los travesaños la posición horizontal. Si la información de Vitruvio es exacta, el chorobate debía de tener una longitud de veinte pies, es decir, de unos seis metros, una dimensión considerable que sin duda dificultaba su manejo. Véase J. P. Adam, «Groma et chorobate, exercices de topographie antique», *Mélanges de l'École française de Rome – Antiquité (MEFRA)*, 94, 1982, pp. 1025 y ss.

6. K. D. White, *Greek and Roman Technology*, 1984, p. 15, fig. 3 y p. 80, figs. 72, 73 y 74.

7. Véase R. Lane Fox, *Alexander the Great* [trad. it.: p. 191].

8. Estrabón, *Geografía*, XVII, 1, 7-10, en especial 3.

9. Véase L. Russo, *La rivoluzione dimenticata. Il pensiero scientifico greco e la scienza moderna*, 2001, p. 144; P. A. Clayton y M. J. Price, eds., *The Seven Wonders of the Ancient World* [trad. it.: p. 140], mencionan una altura de sesenta metros en el primer piso, de treinta en el segundo y de quince hasta la punta del tridente (o del cetro) de la estatua de Zeus Sóter, que, en su opinión, coronaba el tercer nivel, lo que hace un total de ciento cinco metros. Entre las muchas interpretacio-

nes, destaca la de H. Thiersch, *Pharos Antike Islam und Occident. Ein Beitrag zur Architekturgeschichte*, 1909, quien recogió y analizó todas las noticias acerca del faro de Alejandría de las que disponía en su época, y que procedían de diferentes tipos de fuentes (literarias, arqueológicas, iconográficas, numismáticas), para proponer reconstrucciones que habrían de influir en la arquitectura de las décadas de 1920 y 1930: *cfr.* J. y E. Romer, *The Seven Wonders of the World* [trad. it.: p. 93].

10. Flavio Josefo, *Antigüedades judías*, IV, 612-613.

11. Véase L. Russo, *op. cit.*, n. 83-84, p. 144.

12. P. M. Fraser, *Ptolemaic Alexandria*, 3 vols., 1972, mencionado en A. P. Clayton y M. J. Price, *op. cit.* [trad. it.: p. 137], reconoce a Sóstrato como financiador, basándose también en Estrabón, quien cita la leyenda escrita en el faro: «Sóstrato de Cnido, amigo de los soberanos, ha dedicado este edificio a la seguridad de los navegantes» (*op. cit.*, XVII, 1, 6).

13. Homero, *Odisea*, IV, 335.

14. En J. Y. Empereur, *Le Phare d'Alexandrie. La Merveille retrouvée*, 2004, p. 84.

15. Sobre las teorías de identificación de la estatua o las estatuas que se colocaron en lo alto del faro a lo largo de los siglos, *cfr.* J. y E. Romer, *op. cit.* [trad. it.: p. 92].

16. *Rerum gestarum libri*, 26, 10, 15-19. Se considera a Amiano Marcelino el único testigo directo del maremoto que se desencadenó poco después del amanecer del 21 julio del año 365 d. C. Acerca de su intensa descripción, *cfr.* G. Kelly, «Ammianus and the Great Tsunami», *The Journal of Roman Studies*, 94, 2004, pp. 141-167.

17. Véase J. y E. Romer, *op. cit.*, 1989 [trad. it.: pp. 96-97].

18. Véanse las observaciones de L. Russo, *op. cit.*, pp. 144-146.

19. Estrabón, *op. cit.*, XIV, 2, 5.

20. Acerca del barco de Marsala y del significado de las señales alfabéticas halladas en su tablazón, véase S. Medas, *La marineria cartaginese*, 2000, pp. 169-184. Las letras son refe-

rencias para el montaje en serie, lo cual explicaría la capacidad de los cartagineses para tener listas flotas enteras en pocos meses.

21. A este propósito, véase V. M. Manfredi, *Le isole Fortunate*, 1993, en concreto, el comentario de Diodoro, V, 19-20, y p. 54 en lo que concierne a la preocupación cartaginesa de no tener competencia en las rutas atlánticas. Y sobre la isla del Océano con ríos navegables y abundancia de frutos, véase el comentario a Pseudo Aristóteles, *De mirabilibus auscultationibus*, pp. 73 y ss. Recientemente L. Russo ha abordado el argumento basándose en el presupuesto de una reinterpretación de las medidas ptolemaicas de la Tierra; véase L. Russo, *op. cit.*, 2013, caps. 6-8.

22. Para la correspondencia entre Arquímedes y Dositeo, véase *supra*, nota 3. La existencia de un tratado de catóptrica escrito por Arquímedes la atestiguan Teón de Alejandría en su *Comentario sobre el libro I del «Almagesto» de Ptolomeo* (véase A. Rome, ed., *Commentaires de Pappu, et de Théon d'Alexandrie sur l'Amageste. Texte établi et annoté*, vol. II, *Théon d'Alexandrie: Commentaire sur les Livres I et II de l'Almageste, Studi e Testi*, n.º 72, Ciudad del Vaticano, Biblioteca Apostolica Vaticana, 1936), y Apuleyo (*Apología*, XVI), quien, entre los temas que el científico de Siracusa trató, nombra unos espejos especiales dotados de esta característica. Sobre la catóptrica, véase L. Russo, *op. cit.*, 2001, pp. 82-90.

23. Véase L. Russo, *op. cit.*, n. 13, p. 144. Véase P. M. Fraser, *op. cit.*, vol. II, p. 46, quien cita una colección de fuentes árabes sobre el faro. Véase también J. Y. Empereur, *op. cit.*, p. 87.

24. Plinio, *op. cit.*, XXXVI, 83.

25. Véase J. y E. Romer, *op. cit.*, 1989 [trad. it.: pp. 94-96].

26. Véase G. B. Conte, *Plinio. Storia naturale*, 1982-1988, vol. V, p. 637, n. 1.

27. Véase C. M. Tresso, ed., *Ibn Battuta. I viaggi*, 2006, p. 18 y también n. 1. Ibn Battuta afirma que visitó el faro y,

según cuenta, era «un edificio cuadrado que se recortaba contra el cielo», lo cual hace pensar que el nivel octagonal y el cilíndrico ya se habían derrumbado. El edificio seguía frecuentándose a diario, si bien por las noches se retiraba la pasarela de tablas de madera para impedir el acceso.

Bibliografía esencial

ADAM, J. P., «Groma et chorobate. Exercices de topographie antique», en *Mélanges de l'École française de Rome – Antiquité (MEFRA)*, vol. 94, n.° 2, 1982, pp. 1003-1029.

—, *L'arte di costruire presso i romani: materiali e tecniche*, Longanesi, Milán, 1989.

AERIAS, P. E., *s.v.* «Leochares», en *Enciclopedia dell'Arte Antica (EAA)*, vol. IV, Istituto della Enciclopedia Italiana, Roma, 1961.

ANDRONIKOS, M., *Vergina. The Royal Tombs and the Ancient City*, Ekdotike Athenon, Atenas, 1984.

—, *The Royal Graves at Vergina*, K. Mihalas, Atenas, 1978.

BENVENISTE, É., «À propos du Kolossos», en *Revue de philologie, de littérature et d' histoire annciennes,* 3, serie 6, Klincksieck, París, 1932.

BERTI, F., y C. Gasparri, *Dionysos. Mito e mistero*, catálogo de la exposición, Nuova Alfa, Bolonia, 1989.

BOARDMAN, J., *Athenian Red Figure Vases, The Archaic Period*, Thames and Hudson, Londres, 1975.

BONACASA, N., S. Ensoli *et al.*, *Cirene*, Electa, Milán, 2000.

BOSIO, L., *La Tabula Peutingeriana: una descrizione pittorica del mondo antico*, Maggioli, Rímini, 1983.

BOWERSOCK, G. W., «The Miracle of Memnon», *The Bulletin*

 of the American Society of Papirologists (*BASP*), vol. XXI, 1-4, University of Michigan Library, Michigan, 1984.

BURKERT, W., *Structure and History in Greek Mythology and Ritual*, University of California Press, Los Ángeles y Londres, 1979.

BUSCHOR, E., *Maussollos und Alexander*, Beck, Munich, 1950.

CHIOFFI, M. E., y G. Rigamonti, *Antologia della letteratura egizia del Medio Regno*, Ananke, Turín, vol. I, 2007, y vol. II, 2008.

CIMMINO, F., *Storia delle piramidi*, Rusconi, Milán, 1990.

CLAYTON, P. A., y M. J. Price, eds., *The Seven Wonders of the Ancient World*, Londres, Routledge, 1988. [Trad. it.: *Le sette meraviglie del mondo*, Einaudi, Turín, 1989 y 2003.]

CONTE, G. B., ed., *Plinio. Storia naturale*, 5 vols., Einaudi, Turín, 1982-1988.

COULTON, J., y H. W. Catling, *The Protogeometric Building at Toumba. Part 2, The Excavation, Architecture and Finds*, British School of Archaeology at Athens, Oxford, n.º 29, 1993.

DALLEY, S., *The Mistery of the Hanging Garden of Babylon*, Oxford University Press, Oxford, 2013.

EMPEREUR, J. Y., *Le Phare d'Alexandrie. La Merveille retrouvée*, Gallimard, París, 2004.

Enciclopedia dell'Arte Antica (*EAA*), 12 vols., Istituto della Enciclopedia Italiana, Roma, 1958-1973.

FINKEL, I. F., «The Hanging Gardens of Babylon», en P. A. Clayton y M. J. Price, eds., *The Seven Wonders of the Ancient World*, Routledge, Londres, 1988.

FRASER, P. M., *Ptolemaic Alexandria*, 3 vols., Oxford, Clarendon Press, 1972.

GROS, P., ed., *Vitruvio, De architectura*, traducción y comentarios de A. Corso y E. Romano, 2 vols., Einaudi, Turín, 1997.

GROUT, J., *Encyclopaedia Romana*, University of Chicago Press, Chicago, 1973.

GUIDOBONI, E., *et al.*, *Catalogue of the Ancient Earthquakes in the Mediterranean Area up to the 10th century*, Istituto Nazionale di Geofisica, Roma, 1994.

HIGGINS, R., «The Colossus of Rhodes», en P. A. Clayton y M. J. Price, eds., *The Seven Wonders of the Ancient World*, Routledge, Londres, 1988.

HOGARTH, D. G., *Excavations at Ephesus. The Archaic Artemisia*, British Museum, Londres, 1908.

JEPPESEN, K., y A. Luttrell, *The Maussolleion at Halikarnassos*, vol. II, *The Written Sources and their Archaeological Background*, Aarhus University Press, Aarhus, 1986.

KELLY, G. «Ammianus and the Great Tsunami», *The Journal of Roman Studies*, 94, 2004, pp. 141-167.

KEULS, E. C., *The Reign of Phallus: Sexual Politics in Ancient Athens*, University of California Press, Berkeley y Los Ángeles, 1993.

KUBIAK, W., en *Bulletin de la Société royale d'archéologie d'Alexandrie (BSocArchAl)*, 42, Alejandría, Société de Publications Égyptiennes, 1966.

LANE FOX, R., *Alexander the Great*, Penguin Books, Nueva York y Londres, 1986. [Trad. it.: *Alessandro il Grande*, Einaudi, Turín, 2004; hay trad. cast.: *Alejandro Magno: conquistador del mundo*, Acantilado, Barcelona, 2013.]

LEVI, A. y M., *Itineraria Picta: contributo allo studio della Tabula Peutingeriana*, Bretschneider, Roma, 1967.

—, *La Tabula Peutingeriana*, Edison, Bolonia, 1978.

LIPPOLIS, E., M. Livadiotti y G. Rocco, *Architettura greca: storia e monumenti del mondo della polis dalle origini al V secolo*, Mondadori, Milán, 2007.

LLOYD, A. B., ed., *Erodoto, le storie*, Fondazione Lorenzo Valla, Arnoldo Mondadori, Milán, 1989.

MANFREDI, V. M., *La tomba di Alessandro*, Milán, Mondadori, 2009. [Hay trad. cast.: *La tumba de Alejandro*, Grijalbo, Barcelona, 2011.]

—, *Le isole Fortunate*, L'Erma di Bretschneider, Roma, 1993. [Hay trad. cast.: *Las islas afortunadas*, Anaya & Mario Muchnik, Madrid, 1997.]

MARYON, H., «The Colossus of Rhodes», *The Journal of Hellenic Studies* (*JHS*), 76, Society for the Promotion of the Hellenic Studies, Londres, 1956.

MEDAS, S., *La marineria cartaginese*, Carlo Delfino, Sácer, 2000.

MICHALOWSKI, K., «Archéologie méditerranéenne en Pologne après la seconde guerre mondiale», en *Études et travaux*, 1, Éditions Scientifiques de Pologne, Varsovia, 1966.

MILLER, K., *Römische Reisewege an der Hand der Tabula Peutingeriana*, Strecker und Schröder, Stuttgart, 1916, y reed. it.: Bretschneider, Roma, 1964.

NEWTON, C. T., y R. P. Pullan, *A History of Discoveries at Halicarnassus, Cnidus, and Branchidae*, Day & Son, Londres, 1862.

ORSI, P., «La necropoli di Sant'Angelo Muxaro», en *Atti della Reale Accademia di Scienze, Lettere e Belle Arti di Palermo*, Accademia di Scienze, Lettere e Belle Arti di Palermo, XVII, 1932, 3.

PAPINI, M., *Fidia*, Laterza, Bari, 2014.

PETRIE, W. M. F., *The Pyramids and Temples of Gizeh*, Leadenhall Press, Londres, 1883.

PETTINATO, G., *Semiramide*, Rusconi, Milán, 1985.

—, *La saga di Gilgamesh*, Rusconi, Milán, 1992.

REVIEL NETZ, W. N., *Il codice perduto di Archimede, la storia di un libro ritrovato e dei suoi segreti matematici*, Rizzoli, Milán, 2007.

ROME, A., ed., *Commentaires de Pappu, et de Théon d'Alexandrie sur l'Amageste. Texte établi et annoté*, vol. II, *Theéon d'Alexandrie: Commentaire sur les Livres I et II de l'Almageste, Studi e Testi*, n.º 72, Biblioteca Apostolica Vaticana, Ciudad del Vaticano, 1936.

ROMER, J., y E., *The Seven Wonders of the World. A History of the Modern Imagination*, Thames and Hudson, Londres, 1995. [Trad. it.: *Sulle tracce delle sette meraviglie del mondo*, Newton & Compton, Roma, 1998; hay trad. cast.: *Las siete maravillas del mundo. Historia, leyendas e investigación arqueológica*, Ediciones del Serbal, Barcelona, 2005.]

RUSSO, L., *La rivoluzione dimenticata. Il pensiero scientifico greco e la scienza moderna*, Feltrinelli, Milán, 2001 y 2013.

SCHILTZ, V., *Histoires de kourganes: la redécouverte de l'or des Scythes*, Gallimard, París, 1991. [Trad. it.: *Gli Sciti. L'oro della Siberia e del Mar Nero*, Electa Gallimard, Turín, 1995.]

SMITH, A. H., *A Catalogue of Sculpture in the Department of Greek and Roman Antiquities British Museum*, Londres, 1928.

STIERLIN, H., *La Grecia: da Micene al Partenone*, Colonia, Taschen, 1998. [Hay trad. cast.: *Grecia. De Micenas al Partenón*, Taschen, Barcelona, 2001.]

TALBERT, R. J. A., *Rome's World: The Peutinger Map Reconsidered*, Cambridge University Press, Cambridge, 2010.

THIERSCH, H., *Pharos Antike Islam und Occident. Ein Beitrag zur Architekturgeschichte*, Teubner, Leipzig-Berlín, 1909.

—, «Griechische Leuchtfeuer», en *Jahrbuch des Kaiserlich Deutschen Archäologischen Instituts*, 30, Georg Reimer, Berlín, 1915, pp. 213 y ss.

TRELL, B. L., «The temple of Artemis at Ephesos», en P. A. Clayton y M. J. Price, eds., *The Seven Wonders of the Ancient World*, Routledge, Londres, 1988.

TRESSO, C. M., ed., *Ibn Battuta. I viaggi*, Einaudi, Turín, 2006.

VLAD BORRELLI, L., *s.v.* «Bryaxis», en *Enciclopedia dell'Arte Antica (EAA)*, vol. II, Istituto della Enciclopedia Italiana, Roma, 1958-1973.

VV. AA., *Artifex. Ingeniería romana en España*, catálogo de la exposición, Museo Arqueológico Nacional, Madrid, 2002.

VV. AA., *The Cambridge Ancient History (CAH)*, 14 vols., Cambridge University Press, Cambridge, 1970-2001.

WADDELL, W. G. ed. y trad., *Manetho: History of Egypt and Other Works*, Loeb Classical Library, Londres, 1950.

WAYWELL, G. B., «The Mausoleum al Halicarnassus», en P. A. Clayton y M. J. Price, eds., *The Seven Wonders of the Ancient World*, Routledge, Londres, 1988. [Trad. it.: «Il mausoleo di Alicarnasso», en *Le sette meraviglie del mondo*, Einaudi, Turín, 1989 y 2003.]

—, *The Free-Standing Sculptures of the Mausoleum at Halicarnassus in the British Museum*, British Museum Publications, Londres, 1978.

WEBER, E., *Tabula Peutingeriana Codex Vindobonensis 324*, Graz, 1976.

WHITE, K. D., *Greek and Roman Technology*, Thames and Hudson, Londres, 1984.

WOOD, J. T., *Discoveries at Ephesus*, Longmans, Green & Co, Londres, 1877.

Índice